湘水

鍾林河

岳麓书社 · 长沙

主　办

岳麓书社

编　辑

《湘水》编辑部

地　址

湖南省长沙市爱民路 47 号

邮　编

410006

电子邮箱

hxq0731@163.com

目录

第九辑

梁启超是我们同时代人吗？

汪 晖

要想理解梁启超，首先要理解他的时代，他是处在什么样的时代里？我前面讲过，思想家有两种不同的类型或逻辑，一种人基本上是以理念、概念推演出并建立起一个庞大的思想体系，康德、黑格尔等等，都是如此；还有一种思想家，是用他全身心的行动来展现，他的思想不仅仅表现在语言里，也表现在行动里，表现在各种各样的社会活动、一生整个的追求里。我引用梁漱溟先生和他的父亲这两句话，来做一个说明，梁漱溟先生说“所谓哲学不必是一套理论，而是指人生最基本的取舍，一切因之而异”，其实梁漱溟先生也是这样的理论家，他既做哲学研究，又从事各种各样的社会实践。他的父亲梁济说：“吾真心倾慕梁任公，积仰数十年，以为救中国之第一人，癸丑年至欲以死荐诸国民之前。”这个全部身心、生命都在这样里面的思想家，我们如何理解他？

梁启超在一八九〇年遇到了康有为，之后逐渐地卷入了晚清的思想运动、政治运动，参与了戊戌变法，失败之后流亡日本。因为在日本的阅读和整个政治经历，他的思想为之一变。看他经历的时间轴，其中涵盖东京、夏威夷、上海、香港、新加坡、澳洲、加拿大、美国、台湾；也就是说，在这样的特殊时期里，除了他个人的思想和政治行动之外，他在全世界不同地区运动。所以我们要理解他的思想不能从一个点，而要从更广阔的流动的视野当中去观察。

一九一二年他回来以后，开始了从政时期，又走了许多地方，最后在一九一八年年底做了一趟欧游，去了欧洲许多地方，同样卷入了各种各样的事件。即便我们说他的晚年是从事文化学术教育的时期，但实际上无论是五四运动，还是五卅运动，他都介入其中，都扮演了非常关键的角色。这是一个特别的人。他的角色里面包含了这几个方面：第一，他是一个政治行动者，这不用多说，从一八九〇年代开始，参与戊戌变法，之后的立宪运动等各种各样的政治运动，他都卷在里面，公车上书、戊戌变法、自立军起义、立宪新政、国会请愿等等。他还担任过司法总长和财政总长，参与倒袁，支持和指导护国军起义，反对张勋复辟，传递巴黎和会的信息……他是真正的政治行动者，所以他的思想不能脱离他的政治行动来理解。

第二,二十世纪出现了完全新的角色，即政治组织，学会、政党这些都是基本的政治组织，梁启超不是一般的政治行动者，而是政治组织的行动者。他在一八九五年、一八九六年参加了强学会，以后有南学会、保国会、保皇会、政闻社、宪友会、中国民主党，这是他整个政治行动的组织依据。因此，作为政治行动者，他不是单一的个体和知识分子，而是一位通过政治组织而行动的政治人物，其思想与其组织性的纲领等有着密切的关系。

第三，跟别的思想家相比，他是大力从事宣传的启蒙家。其中最重要的一点，是他做了无数的编辑工作，发行刊物、报纸，这是他的政治生涯和思想道路的独特方面。他负责编辑过甲午时期的《万国公报》(后改为《中外纪闻》)、《时务报》，戊戌时期的《清议报》，一九〇二年的《新小说》《新民丛报》，之后有《国风报》《庸言》《大中华》《晨钟》等等。五四时期的《晨报副刊》在五四新文化运动当中也扮演过重要的角色。所以，从晚清到五四新文化运动，他作为一位启蒙宣传家，这一时代的思想变化都跟他有不可分离的关系。也是在这个意义上，他的宣传行动带动了一系列剧烈的文化思想上的变革，比如他在日本时期就已经提出所谓的诗界革命、小说界革命、宗教界革命，这一系列革命思潮和倡议的出现，是伴随着他的编辑和宣传家生涯逐渐展开的。

第四，他还是一位非常重要的教育家。他在长沙的时务学堂，在东京的高等大同学堂，以及在清华的国学院，都卓有建树，其中时务学堂和清华国学院都留下了许多思想和学术的种子。

所以，他是一个政治行动家、一个政治组织者、一个思想家和启蒙家、一个教育家，而这四个方面对于梁启超来说，是综合在一起的，也就形成了他不同于一般的政治家、一般政治组织者、一般启蒙宣传家、一般教育家的独特的角色——这四个角色在他身上是汇为一体的。

最后，我提出一个问题，梁启超是我们同时代人吗？就我个人的理解，梁启超依然是我们的同时代人。这意味着我们思考今天的时代，依然可以通过他的思维，他对自己时代的认知，去理解我们的时代。他依旧是一个活的思想。当今世界处在一个多重危机交织的时代，有疫情的危机，有经济的危机，有科学技术带来的挑战，有全球的地缘政治的挑战，还有迫在眉睫的生态危机。面对这些挑战，像梁启超和他的许多同时代人一样，能够把自己的全身心都投进去，不但感受它，而且把它展现出来，并且试图用自己的力量改变它。这样的一种状态，尤其值得我们珍视。

（作者系清华大学文科资深教授、清华大学人文与社会科学高等研究所所长，江苏扬州人，此文辑自人文清华讲坛《理解思想者梁启超》）

编 者 按

著名历史学家李学勤先生生前在接受本刊采访时谈到，晚清传统学问异军突起的一个是湘学，一个是蜀学，而蜀学又受到湘学的影响。探讨湘学与蜀学以及其他地域文化在交流互动中融合发展，进而演变为中华文化在近现代的一种重要形态，或可成为湘学研究的新的学术生长点。

近代蜀学的兴起

王东杰

关于近代四川学术的发展，学界多追溯到同光时代的尊经书院，张之洞（一八三七——一九〇九）与王闿运则被视为两大助产士。清末参加过同盟会的黄崇麟在为吴之英（字伯朅，一八五七——一九一八）文集所作序文中说：“有清二百年，蜀学暗黮，恒不逮他行省。”直到“南皮张文襄公督学吾蜀，创建尊经书院，以经史词章之学倡导后进，而湘潭王壬甫先生为之师，于是文雅彬彬，比于江浙”。光绪初年，吴之英、廖平、杨锐（一八五七——一八九八）、宋育仁（一八五七——一九三一）、胡延、张祥龄（一八五三——一九〇三）、吕翼文等“辐辏并出，颉昕上下，于是号称极盛”。吴之英的学生吴虞（一八七二——一九四九）追溯蜀中学术蔚兴轨迹，也说：“蜀中文献，明末以来澌灭殆尽。

王闿运像

蔽于帖括，人不知学。至学使张公孝达来川，建立尊经书院，蜀中人士始通古学，比于齐鲁。”蒙文通（一八九四—一九六八）则云：“蜀经明季丧乱，学术衰颓，晚清南皮张文襄公之洞来督学政，始以纪、阮之学为号召。”而“蜀士旧无知许氏《说文》者，独（廖平）先生偶得之败簏中而好之”，故得到张之洞赞赏。这些论述分别以吴之英和廖平为中心，而均以尊经书院为蜀学勃兴的关键，可谓学人共识。

一般认为，张之洞是尊经书院真正的创办者。他对近代四川学术的影响，主要体现为把清代正统汉学一线引入四川，这一思想主要又体现在他为尊经书院学生编写的《书目答问》一书中。虽然在尊经书院建立之前，四川绝非“无知许氏《说文》者”（详下），但张氏对此一风气在川中的推广功不可没。廖平晚年自言，他在尊经书院时，“《书目答问》始刊，朝夕揣摩，于国朝诸名家，师承源委，缕析条贯，莫之或先焉。至今五十余年，未尝废学。学经六变，五花八门，盖未尝出《书目答问》范围”。大师如此，其余可知。此书的影响直到二十世纪二十年代不绝。其时曾就读于成都高师的姜亮夫（一九〇二—一九九五）说，高师国文课由林思进（一八七四—一九五三）讲授，第一节课就让学生“各备《书目答问》一册”。陶亮生（一九〇〇—一九八四）也回忆道，在高师教书的另一位学者向楚（一八七七—一九六一）“虽不曾任经学课程，然于群经却贯穿透彻。常云：‘六经尊伏、郑，百行法程、朱。’见我所执注疏为叙府本，曰‘此陋甚，当购南昌本有阮氏校勘记者，行间圈识最重要’”。“六经”“百行”云云乃汉学家惠栋（一六九七—一七五八）所常言，在相当程度上代表了汉学家的人生信条。更重要的是，向楚教导陶亮生的读经法亦出于《书目答问》。按该书《十三经注疏》条下：“阮本最于学者有益，凡有关校勘处旁有一圈，依圈检之，精妙全在于此。四川书坊翻刻阮本，讹谬太多，不可读，且削去其圈，尤谬。”可谓其来有自。直到二十年代末三十年代初，蒙文通还曾为范希曾（一八九九—一九三〇）《书目答问补正》加过若干条按语。这在蒙先生的学问生涯中虽然不过是一小小插曲，亦可见出蜀地学人与此书渊源之深。

不过，张之洞本不是学术名家，且不久就离任了。故谈及清代四川学术的著作，通常更重视王闿运的影响。钱基博（一八八七—一九五七）《现代中国文学史》将廖平、吴虞列于王闿运名后，又云尊经学子“廖平治《公羊》、《穀梁》、《春秋》、《小戴记》，戴光治《书》，胡从简治《礼》，刘子雄、岳森通诸经，皆有师法，能不为阮氏《经解》所囿，号曰蜀学”。二十世纪三十年代初毕业于国立四川大学的萧印唐（一九一一—一九九六）曾云：“余昔年负笈成都，闻师友说湘绮王氏。湘绮于逊清长尊经书院，自来蜀中，学风蔚盛焉。”按萧氏“负笈成都”，应在二十年代中后期，彼时师友尚争说王湘绮，可知其影响持续之久。四川内外学人均把王闿运作为近代“蜀学”的开山祖师，实视“蜀学”为其余脉。

按照黄崇麟和钱基博所列名单，近代蜀学可谓是彬彬多士。不过，一般的学术史著述往往只提廖平一人，且多强调其为王闿运弟子。梁启超（一八七三—一九二九）

说："平，王闿运弟子。闿运以治《公羊》闻于时，然故文人耳，经学所造甚浅，其所著《公羊笺》，尚不逮孔广森。平受其学，著《四益馆经学丛书》十数种，颇知守今文家法。"说王闿运学问甚浅，又谓"平受其学"，则其对廖平的学术评价不高，故仅许其"守今文家法"而已，实际未必真懂廖平学术。然廖平学出湘绮，却是很多人的共识。章太炎（一八六九——一九三六）在《訄书》初刻本《清儒》篇中说："闿运弟子，有井研廖平，自名其学，时有新义，以庄周为儒术，《左氏》为六经总传，说虽不根，然犹愈魏源辈绝无伦类者。"邓实（一八七七——一九五一）云："今文者，发源于庄（存与）、刘（逢禄），浸盛于龚（自珍）、魏（源），而集其大成者王氏（闿运）。王氏有弟子曰井研廖季平。季平著书最多，乃及百种，余杭章氏称其时有新义，而未见其书也。"未睹其书而闻其人，了解当然有限，所述殆本于太炎。

晚清民初四川学术在国内的名声，泰半系于廖平一人，而一般认为廖平乃主今文学者，故学者提及四川学术，多把其放入晚清的今文经学统系中，勾勒出一条从湖南到四川再到广东的传播路线。刘师培（一八八四——一九一九）云："惟湘中前有魏源，后有王闿运，均言《公羊》，故今文学派亦昌，传于西蜀、东粤。"川人庞俊（字石帚，以字行，一八九五——一九六四）并不认为四川经学唯廖平为最，但也说：

西京今文之学，自武进庄方耕、刘申受，长洲宋于庭，仁和龚定庵，邵阳魏默深，德清戴子高先后推阐，而湘潭王壬父遂遍注群经。弟子井研廖季平，尤善别今、古，益为闳肆，穷高极深，沦于不测。余论沾被，以启南海康长素，成其《新学伪经》《孔子改制》之说。于是微言大义，始自毗陵，流衍于吴、越、湖、湘，上溯于蜀，反注于粤，浸淫遍天下焉。

则廖平上承湖南王闿运，下开广东康有为（一八五八—一九二七），在今文一线中，实处于转捩地位。

这样，在学者心目中，晚清四川学术确已获得全国性声望。其中评价最高者似为钱基博："疑古非圣，五十年来，学风之变，其机发自湘之王闿运；由湘而蜀（廖平），由蜀而粤（康有为、梁启超），而皖（胡适、陈独秀），以汇合于蜀（吴虞）；其所由来者渐矣，非一朝一夕之故也。"钱氏对此一"疑古非圣"之风自然是不满意的，唯在其描述中，蜀人对清季以来学风转移出力甚大，廖季平为其枢纽，吴虞则其集大成者，不论钱氏有何褒贬，蜀学地位实已甚高。

（作者系清华大学人文学院历史系教授，河南濮阳人）

王闿运的绮靡之诗与经世之志

李晓宇

汪辟疆《近代诗派与地域》论近代西蜀诗派的形成，归因于“张广雅（张之洞）督学蜀中，以雅正导其先路；王湘绮（王闿运）讲学尊经，以绮靡振其宗风”。张之洞是河北诗派的领袖，提倡韩愈、苏轼的唐宋诗风。王闿运则是湖湘诗派的领袖，推崇魏晋诗风。两派审美思想异趣，彼此扞格不入、互相角力，成为开启四川近代文学风气的“一大事因缘”。

张之洞在同光之际出任四川学政，于光绪元年（一八七五）在成都创办了著名的尊经书院。他要求书院的学生们每月考课两次，每次考四种题型：经解、史论、杂文（或赋）、诗。四种题型之中，杂文与赋不同时出题，诗则单独出一题，每次必考，可见张之洞对诗教的重视。具体到方法，张之洞主张“拟古”，他让学生们对着古人的原作进行模仿，例如拟韩愈《石鼎联句》、拟李贺《河南府试十二月乐词》之类。或者直接让学生唱和古人的诗，例如，尊经课艺《蜀秀集》中，有不少《读杜少陵五律和作》之类的作品。在张之洞看来，“工、切、庄、雅”是评判诗歌好坏的四大标准。“工”是工稳而不轻率，“切”是贴切而不浮泛，“庄”是庄重而不轻佻，“雅”是高雅而不陈腐。张之洞还为尊经院生推荐了诗学参考书，从中可看出他的诗学取向。他认为，诗歌选本以御选《唐宋诗醇》最为精粹，“平正不入恶道”，“可为学诗津梁”。

由此我们不难看出，张之洞在四川所倡导的是一种以“雅正”为宗旨的诗风。“雅正”的诗风适合科举考试，张之洞对尊经院生的诗艺训练侧重于此，大半是出于科举功利性的目的。所以，前人评价张之洞，有“巧宦热中”一说。同光体诗人领袖陈散原就不太喜欢张之洞的诗，认为：“张诗语语不离节镇，此纱帽气也。”

光绪三年（一八七七），张之洞卸任离川，时任四川总督的湘军大员丁宝桢特地从湖南请来“强收豪杰作才人”的王闿运出任尊经书院山长。王闿运掌教尊经书院长达七年，在他的精心培育下，四川地区的诗风又为之一变。

王闿运的诗学首先带有强烈的湖湘经世派色彩。钱基博《近百年湖南学风》曾指出湖南近代人物“义以淑群，行必厉己，以开一代之风气，盖地理使之然也”。王闿运就是这种“开一代之风气”的人，他将湖湘经世学风带入了四川，并体现在尊经书院的诗教中。《尊经书院初集》是王闿运编的一本课艺，其中收录了四川总督丁宝桢的《机器局诗》和王闿运、谢质、王昌麟等尊经书院师生的《和机器局诗》。“机器局”即光绪三年（一八七七），丁宝桢在成都创办的四川机器局。这是四川第一家近代企业，也是内地较早的近代企业之一。该局秉承了丁宝桢不用外籍人员，依靠本国技术力量的开办原则。王闿运在湖南的得意弟子“王门三匠”之一的铜匠曾昭吉，是机器局里帮助丁宝桢研制枪炮和火药的关键技术人员，深受倚重。

但是，王闿运的诗学既是经世的，又是绮靡的。这个看似吊诡的矛盾现象，却又在情理之中，它就像一个硬币的两面，相反相成，共同构成了王闿运诗风的特色。

与张之洞推荐的《唐宋诗醇》不同，王闿运向尊经院生推荐的诗学参考书是他自己选辑的《湘绮楼八代诗选》。《湘绮楼八代诗选》刊刻于光绪七年（一八八一），正是在王闿运掌教尊经书院期间。所谓八代诗，是指汉、魏、晋、宋、齐、梁、陈、隋这八个朝代的诗，它们的风格与唐宋时期的诗歌迥然不同。王闿运将八代诗分为“宽和、清劲、高华、纤仄”四种类型，挑选其中最有代表性的作品供学生们模仿学习。“宽和、清劲、高华、纤仄”是《八代诗选》的鉴赏标准，与《唐宋诗醇》所标榜的“工、切、庄、雅”审美异趣。《唐宋诗醇》重在法度，好比忠臣孝子，《八代诗选》重在风度，好比名士佳人。

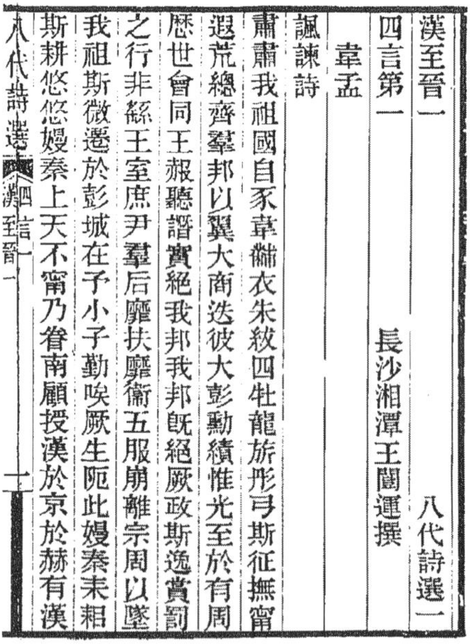
漢至晉一　八代詩選一
四言第一　長沙湘潭王闓運撰
韋孟
諷諫詩
肅肅我祖國自豕韋黼衣朱紱四牡龍旂彤弓斯征撫甯遐荒總齊羣邦以翼大商迭彼大彭勳績惟光至於有周歷世會同王赧聽譖實絕我邦我邦既絕厥政斯逸賞罰之行非繇王室庶尹羣后靡扶靡衛五服崩離宗周以墜我祖斯微遷於彭城在予小子勤唉厥生阨此嫚秦耒耜斯耕悠悠嫚秦上天不甯乃眷南顧授漢於京於赫有漢
八代詩選一　四言　漢至晉一　一

王闿运辑《八代诗选》书影

张之洞平生最讨厌两种学问，一是公羊经世之学，二是六朝骈俪文字。据《抱冰堂弟子记》，张之洞将公羊学视为“乱臣贼子之资”，极力诋毁。又将六朝视为“兵戈分裂、道丧文敝之世”，凡是写诗文模仿六朝骈体，用纤巧华丽的字句拼凑成篇的，必受其呵斥。在张之洞看来，六朝文字和公羊之学，相辅相成，共同发挥着欺世乱俗、破坏风气的作用，清末的社会乱象，即根源于此。

而王闿运的主张与张之洞正好相反，王氏是清末公羊之学和六朝文字的积极倡导者。他著有《春秋经传解诂》(又名《公羊笺》)十一卷，他最知名的一位尊经弟子廖平是晚清公羊学的大师，继承了他的衣钵，后来又影响了康有为的维新变法思想。同时，王闿运和他的弟子们又推崇六朝诗文，近乎偏执。钱锺书《石语》记录了一段与同光体诗人陈衍的对话。陈衍主张宋诗，他讥讽说：“钟嵘《诗品》乃湖外伪体之圣经，予作评议，所以捣钝贼之巢穴也，然亦以此为湘绮门下所骂。”钟嵘《诗品》是六朝诗歌理论的集大成之作。“湖外伪体”指的就是王闿运这一派作魏晋体的诗人。洞庭湖之南，古称“湖外”。因为所作的诗是刻意模仿之作，故被讥为“伪体”。接下来，当陈衍嘲笑“王学实少通材”时，钱锺书却反问道：“丈于陈伯弢、宋芸子以为何如？抱碧斋之精洁，问琴阁之风华，所谓智过其师、青出于蓝者耶？”“抱碧斋”陈伯弢是湘西“三才子”之一的陈锐，“问琴阁”宋芸子是尊经书院的著名学生宋育仁，二人均为王闿运门人。在钱锺书看来，陈锐、宋育仁是王闿运弟子中诗学造诣出类拔萃、超迈其师者。而在王闿运的众多尊经弟子中，宋育仁又最得王闿运之真传，他的人生也把“经世”与“绮靡”紧密融合为了一体。

王闿运入川前，四川学政谭宗浚的《尊经书院十六少年歌》仅把宋育仁排在倒数第五名，为榜上的中下人物，王闿运掌教后，对宋育仁提携最多。《湘绮楼日记》曰：“宋生云岩（宋育仁）卷颇佳，余前拔取第一者。”《湘绮楼笺启》中写给尊经院生的信札寥寥无几，唯独宋育仁一人竟有四封之多，而且《王志》还有《论狂狷》一篇是专门为宋育仁而作。在往来信函中，王闿运推许宋育仁为“尊经首选”，可见倚重之深。

宋育仁（一八五七——一九三一），字芸子，又字芸岩，号问琴阁主，晚号道复。大约在光绪二年（一八七六）入尊经书院肄业，谭宗浚《尊经书院十六少年歌》称其“短宋词笔工雕搜，华熳五色垂旌斿”，并与“戊戌六君子”之一的杨锐齐名，并称为“扬雄、宋玉”。光绪五年（一八七九）中举，光绪十二年（一八八六）丙戌科三甲第四十六名进士，授翰林院检讨。十七年（一八九一）任广西乡试副考官。二十年（一八九四）出使英、法、意、比，充驻英二等参赞。甲午战争时，在英国密谋借款购买舰队，偷袭日本。密谋失败后，二十一年（一八九五）辞差回京，进呈《采风记》，被誉为“四川睁眼看世界的第一人”。宋育仁是中国近代早期改良主义者，他在京参加过“强学会”。二十二年（一八九六）奉旨回川办理商务，在重庆创办四川地区第一张报纸《渝报》，被称为“四川报业鼻祖”。二十三年（一八九七）兼任成都尊经书院山长，创立“蜀学会”，创办《蜀学报》，印行《蜀学丛书》，是四川地区维新运动的主要组织者和推动者。

汪辟疆《光宣诗坛点将录》，以宋育仁配“地捷星花项虎龚旺”，并赞曰：“芸子向以词赋见称于时，实则今之杜君卿（杜佑）、郑夹漈（郑樵）也。论学论文，皆能抉其本源，洞其利害。……余极重之。”杜佑《通典》、郑樵《通志》是唐宋时期总结典章制度的史学名著。汪辟疆把宋育仁比作杜佑、郑樵，是推崇他经邦济世的学问。其实不仅是汪辟疆一人，同时代的不少学者对宋育仁也有类似的评价。例如，皮锡瑞《经学通论》说：“今人作《泰西采风记》《周礼政要》，谓西法与《周礼》暗合。”指的就是宋育仁和孙诒让，而宋育仁的《采风记》尚比孙诒让的《周礼政要》早好几年。所以，秦嵩年在《哀怨集序》中称宋育仁“谈新政最早，治经术最深”，并非虚言。一生以经世为志的宋育仁，却把自己的诗集取名为《哀怨集》，王闿运诗学的“绮靡”与宋育仁的“哀怨”本来就互为表里。经世不成，唯余哀怨，在近代社会转型中，这样的心态曲尽传统士人的无奈，也最能引起士人们的共鸣。

除了宋育仁，尊经弟子刘子雄、吴之英、吕翼文、张祥龄及妻曾彦的作品都表现出王闿运“绮靡”的诗风。尤其是女弟子曾彦，廖平在《赏园诗钞序》中说曾彦“不读唐以后书，吐嘱乃能不凡”，又说“湘潭（王闿运）诗法得其传者，惟季硕（曾彦）一人”。后来“只手打倒孔家店的老英雄”吴虞也说：“王壬老（王闿运）在尊经教人主陆（陆机）谢（谢灵运）。五言诗成就者止曾季硕夫人一人耳。”近代文学史上，很少听说有女性崇拜张之洞的诗，但王闿运“绮靡”的诗却受到不少女性的青睐。

尊经书院是四川近代学术文化的重镇，创办二十八年间，成材甚众，名流辈出，就好像数百年难得一遇的人才，都同时聚在了一起。这些尊经院生大部分出自张之洞和王闿运的栽培。汪辟疆《近代诗派与地域》把张之洞归于河北派，认为“此派诗家，力崇雅正，瓣香浣花，时时出入于韩苏，自谓得诗家正法眼藏”。而王闿运则属于湖湘派，“平生造诣，乃在心抚手追于汉魏六朝，而稍涉初盛。尝云：‘唐无五言，学五言者汉魏晋宋尽之’”。王闿运心中只仰慕汉魏六朝，十分瞧不起唐以后的诗。

相较于张之洞的“雅正”，王闿运的“绮靡”在尊经院生中似乎略胜一筹。例如，“戊戌六君子”之一的杨锐是张之洞最得意的尊经弟子，张氏对杨锐有知遇之恩，时常加以提携和资助，后来又将其视为心腹，派到北京当“坐京”，为张氏打探京城里的消息。然而，杨锐的诗风却深受王闿运的影响，进而改弦易辙，写起了绮靡哀怨的“湖外伪体诗”。《说经堂诗草》中有一首《院中秋暝》，是杨锐光绪五年（一八七九）己卯四川乡试落榜后的抒怀之作：

日夕天气凉，飒然秋已深。
虚檐切穹霄，广院下层阴。
浮云颓高望，荒飙寒远音。
冥坐易为感，孤怀下岖崟。
南雁肃哀唳，弭棹清川浔。
所思谅多阻，皋兰绚幽森。
愿移淮南调，且辍湘潭吟。
无因盥尘虑，凄其江海心。

全诗拟汉魏古诗体，最能代表杨锐当时心态的是“愿移淮南调，且辍湘潭吟”两句。“淮南调”，指西汉淮南王刘安的门客淮南小山作的《招隐士》，意为招来远方的隐士，即出仕。“愿移淮南调”，就是希望改变出仕谋求功名的想法。“湘潭吟”，指屈原在《离骚》里表达的愿为国出力而又不能的苦闷彷徨之情。“且辍湘潭吟”，就是放弃屈原那样愿为国出力的想法。整首诗表达了希望隐居的心声。一般认为，杨锐在三十岁前后思想发生过较大变化，由重视辞章转到关心时政。而此诗充满了绮靡哀怨，与后来汲汲从政的杨锐迥然不同。其实，在王闿运及王门弟子的诗学中，经邦济世与绮靡哀怨本来就是一回事。如果套用鲁迅《魏晋风度及文章与药及酒之关系》中的一句话："魏晋的破坏礼教者，实在是相信礼教到固执之极的。"我们同样也可以说，王闿运门下这些绮靡哀怨的弟子，其实是忧国忧民最深、淑世情怀最重的一群士人。一百多年前，他们遭遇"数千年来未有之变局"，在时代的激流中辗转徘徊，一百多年后，我们仍能从他们的诗中读出当年的惊惧、忧虑、激愤和苦闷。

最后，值得一提的是，王闿运的诗学教育不仅影响了他的尊经弟子们，还对四川近现代文学风气产生了很大影响。蜀中名宿赖高翔在《林山腴先生传》中称近代四川著名文人林思进的诗文是"尊经派王湘绮之余波"。林思进与王门弟子宋育仁、顾印愚、吕翼文交往甚密。据说林思进教人学诗所用的课本就是王闿运批点的《八代诗选》。从这些历史的点滴之处，我们仍能看到王闿运的遗教在四川文化教育史上留下的深深的痕迹。

（作者系四川大学历史文化学院副教授，四川乐山人）

廖平和王闿运学术异同考

吴龙灿

近代湘学重镇王闿运于一八七八年底入蜀，主持掌教成都尊经书院，前后长达七年，对近代蜀学各方面都产生了重要影响，尤其是对近代蜀学开创者廖平，在治学风格的熏陶和经学思想的导向上，都起到了关键的作用，王闿运入蜀因此可以视为蜀学史上的一个重大事件和转折点。王闿运入蜀，不仅是王廖师生之间的学术互动，也是近代湘学和蜀学的风云际会。然而王闿运对廖平的影响是在什么程度上，廖平对王闿运有无影响，这是常常被人忽略的。笔者通过考察王闿运入蜀前后两人学术渊源和发展情况，可以更加客观公正地看待这一段湘蜀学术佳话。

一、学术渊源考

王闿运尚未入蜀时，从王闿运和廖平的学术渊源和著述情况来看，两人为学旨趣和学问规模可谓异多同少。

王闿运（一八三三——一九一六）一八七八年入蜀时四十六岁，文史经学规模已具，名满大江南北。王六岁从学善化（今属长沙）李鼎臣，读“四书”及时文帖括。后从学叔父王步洲，有志于经史词章之学。年十六入城南书院。年十八应县试第一，受彭嘉玉影响，有志于学礼，欲通经致用。王闿运十八岁，萌生从军之志，二十二岁时中举，曾国藩办团练时他曾上书言事。二十三岁往邓弥之家教读，始治“三礼”，作《仪礼演》十三篇。二十四岁始治《今古文尚书》。二十七岁治《诗经》。二十九岁始读《丧礼》。三十一岁至广州，遍览陈澧藏书。三十二岁作《思归引》，云终隐之志。三十四岁注《庄子》内篇。三十七岁治《易》《春秋》《周官》，纂书十余万言，始笺《尚书》。三十八岁应邀修《衡阳县志》，成第一部经学著作《穀梁申义》。三十九岁作《陈夷务疏》，作《尚书大传注》《周易说》。四十岁，临曾国藩之丧，题诗于石门山居壁上，以志终隐。作《今古文尚书笺》。四十一岁，笺《墨子》、抄《易说》，始讲《周官》。始作《诗补笺》，检《春秋义例》。四十二岁，修《东安县志》。四十三岁，做《诗补笺》成，应约撰《湘军志》。四十四岁，始作《春秋公羊传笺》。四十五岁，撰《湘军志》若干篇。四十六岁，《湘军志》《春秋公羊传笺》初稿成，年底入蜀。

廖平（一八五二—一九三二）在一八七八年王闿运入蜀时二十七岁，此前尚为尊经书院学生，学业初成，理学、古文、小学功底颇具，已开始著述。廖平七岁初读于盐井湾万寿宫，从学向春廷。其后师从胡龙田、曾志春（理学）、廖荣（中医）、何钦培等，十四岁始从钟灵及其弟岳轮读，不能强记，然善悟解。二十一岁始授徒于盐井湾三圣宫。井研乡贤先辈皆敦纪饬行，喜读宋人书，廖平亦笃好宋五子书及唐宋八家文。一八七四年，张之洞任四川学政，二十三岁的廖平与同学杨桢授徒于舞凤山，是年以《子为大夫》文被张之洞识拔为秀才第一名。一八七五年春，尊经书院成，张之洞议定章程，择诸生百人肄业其中，以读“五经”“四史”相号召，主张凡学之根底在经史、经史之根底在小学，刊行《书目答问》《輶轩语》二书，蜀地当时只读时文之风气为之一变。钱徐山、钱铁江等浙人主讲书院。次年，廖平二十五岁，科试以优等食廪饩，调尊经书院肄业。“从事训诂文字之学，用功甚勤，博览考据诸书。”“予初从书院章程治小学、目录、金石、典故，后乃专心治经。今之所以治经虽与训诂家有小别，而得力之处半在初功。”（《经学初程》）是年跋《隶释》，作《尔雅舍人注考》《六书说舍人注考》，与张祥龄、杨锐、毛瀚丰、彭毓嵩等为张之洞所器重，号“蜀中五少年”。张之洞去任，廖平及同学送到新都，饯行于桂湖。一八七七年，廖平二十六岁，尊经书院刊刻《蜀秀集》，收入廖平作品《尔雅舍人注考》《六书说》《荥波既潴解》《士冠礼以挚见于乡大夫乡先生解》《月令毋出九门解》《廛无夫里之布解》《史记列孔子于世家论》《五代疆域论》《两汉驭匈奴论》等篇。

由两人见前阅历可知，王闿运近半个世纪的生命中，大体已经奠定了为学宗旨和规模。他自幼泛滥辞章，究心经学，尤其擅治《礼》与《春秋》，又意在通经致用，应酬权贵而不得其职，肆意纵横旁及史学，虽布衣而名满天下。《清史稿·儒林传》云："幼好学……于是年十有五明训诂，二十而通章句，二十四而言礼……二十八而达《春秋》微言，张公羊，申何学，遂通诸经。"其三十八岁作《穀梁申义》、四十一岁作《春秋义例》、四十六岁成《春秋公羊传笺》，又深研礼学，乃后日影响廖平之资。

廖平这一时期以学艺为主，初涉古文和理学，而在张之洞影响下转向汉学，已有一定学业基础和为学成就。其自述曰："余幼笃好宋五子书、八家文。丙子（一八七六）从事训诂文字之学，用功甚勤，博览考据诸书。冬间偶读唐宋人文，不觉嫌其空滑无实，不如训诂书字字有意。盖聪明心思至此一变矣。庚辰（一八八〇）以后，厌弃破碎，专事求大义，以视考据诸书，则又以为糟粕而无精华、枝叶而非根本，取《庄子》《管》《列》《墨》读之，则乃喜其义实，是心思聪明至此又一变矣。”（《经学初程》）在廖平经学一大变之前，有此两小变，王闿运主尊经书院之日，在此两小变之间。

二、教学影响考

王闿运与廖平之交往，我们可以从两人年谱、传记、信件、序跋等文献中梳理两人交往情况：

一八七八年。十二月二十七日，王闿运应四川总督丁宝桢多次邀请来川，主讲尊经书院。是年王闿运四十六岁，廖平二十七岁。

一八七九年。王闿运二月至尊经书院。考《史记世家列传》，手写《尚书》毕，校刻《南史》，五月开设尊经书局。九月三十日，王闿运率书院新举子游二仙庵。十一月十六日，由蜀返湘归湘潭省亲。廖平与张祥龄治《春秋》。三月一日，廖平与张祥龄等迁入内院，常就王闿运请业，每至夜深。三月五日，与张祥龄、戴光从王闿运游杜甫草堂。六月十五日夜，廖平偕同院生数人随王闿运泛浣花溪，从曾园登舟，溯洄溪月，三更还，竹蕉滴露如雨。廖平撰《穀梁先师遗说考》。

一八八〇年。王闿运应郭嵩焘之请主持禁烟公社清议。三月十五日王闿运复从湘潭返蜀。改《湘军志》，作《春秋例表》，手书《春秋经》分为三卷，以张三世。廖平专治

《穀梁春秋》。“庚辰以后，厌弃破碎，专事求大义，……取《庄子》《管》《列》《墨》读之。”（《经学初程》）

一八八一年。廖平记：“辛巳院课，考酒齐所用题最繁难。精思旬日，大得条理。壬秋师以为：‘钩心斗角，考出祭主仪节，足补《礼经》之阙。’”（《经话甲编》）二月，廖平治《穀梁春秋》，作《释字小笺》《转注假借考》。十月二十五日，王闿运携眷归湘潭。

一八八二年。王闿运在湖南。与丁宝桢议经营西藏，通印度取缅甸，以遏英、俄、法之窥伺。

一八八三年。五月，王闿运第三次入川。王闿运抄《周官笺》毕，改《春秋笺》，点《宋史》校《礼经》，重校《湘军志》毕。廖平“赴北京会试，不第。舟车南北，冥心潜索，得素王二伯诸大义”（《穀梁春秋经传古义疏序》）。

一八八四年。二月十二日，王闿运返湘。五月三日，复携二女至成都。王校《春秋表》毕，注《楚辞天问篇》，校《宋史表志》。是年秋，廖平成《穀梁春秋经传古义疏》，冬成《起起穀梁废疾》一卷，及《释范》《穀梁集解纠谬》，又成《何氏公羊解诂十论》。王闿运云：“看《洪稺存集》一过，乃知廖平《春秋十论》之意。”（《湘绮楼日记》丁亥六月二十二）六月二十八日，张祥龄荐廖平可掌尊经书局，王闿运曰：“嗜利悻愎，非其材也。”（《湘绮楼日记》甲申六月二十八）

一八八五年。王闿运在尊经书院,《礼记笺》刻成。春，廖平考订《王制定本》一卷；秋，成《公羊解诂续十论》，又用东汉许、郑法为《今古学考》二卷。中秋，编定《榖梁春秋内外编目录》三十一种。

一八八六年。春，王闿运卸任尊经书院院长，归湘潭，不再至蜀。王作《论夷务疏小序》,《论语集解注》成，作《补许氏〈说文〉古籀释》《〈小戎篇〉车制器饰考》。廖平二月成《论语汇解凡例》二十八条。

以上是王闿运和廖平在尊经书院期间学术交往和各自主要著述情况。其后王廖仅会面一次。一八八九年四月，廖平北京会试中进士，试后应张之洞招赴广州，途中谒王闿运于天津，王留宿谈今古学，廖平言“欲通撰九经子史成一类书”，王称“亦自志大可喜”。此后两人没有再直接交往，直到年八十四岁的王闿运一九一六年在湖南病故，时年六十五岁的廖平为文祭之。

从两人学术交往可见，王闿运入主尊经书院初期，廖平勤于请业，于治学方法的变化上产生关键的影响，但这种影响的范围却是很有限的。王闿运就任尊经书院山长之初，即告训诸生：“六经之文，字无虚下，解经不词，先师蚩之。经学非独无剩字，亦无炼字也。”（王代功：《王湘绮先生闿运年谱》）王闿运教导的这种认为经文不可怀疑、经学贵求微言大义的今文经学治学之法，扭转了尊经书院由

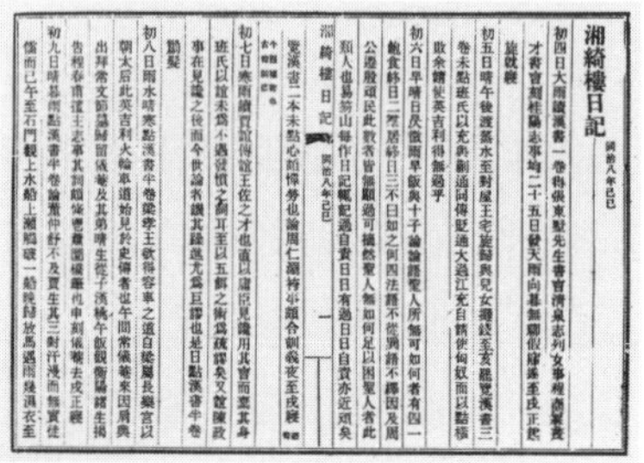
湘綺樓日記　同治八年己巳

初四日大雨讀漢書一卷得張東墅先生書言清泉志列女事殊齒髮貴才者言劉桂陽志事均二十五日發天雨向暮無聊假寐至戌正起旋就寢

初五日晴午後渡蒸水至對屋王宅旋歸與兒女攤錢至亥點漢書三卷未點班氏以充劉通同傳疑過大過江充自髂使伺奴而以點稽取余謂使英吉利得無過乎

初六日早晴日昃微雨早飯與十子論論語聖人所無可如何者有四一飽食終日二羣居終日三不曰如之何四法語不從異語不繹因及周公遭殷頑民此數者皆無顯過可據然聖人無如何足以困聖人者此類人也易笏山每作日記輒記過自責日日有過日日自責亦近頑矣

湘綺樓日記　同治八年己巳　一

覽漢書二本未點心頗悸勞也論周仁獨袴半頭令制義夜至戌寢

初七日寒雨續賈誼傳誼王佐之才也直以疏臣見識用其言而棄其身班氏以誼未爲不遇發憤之詞耳至以五餌之術爲疏譾矣又譏陳政事在見識之後而今世論者譏其疏迂尤爲巨謬也是日點漢書半卷剃髮

初八日雨水晴寒點漢書半卷梁孝王欲得容車之道自梁屬長樂宮以朝太后此英吉利火輪車道始見於史傳者也午間常儀菴來因屑與出拜常文節墓歸留儀菴及其弟晴生從子濱桃午飯觀衡陽諸生揭告程春滄謹王志事其詞頗佳申刻儀菴去戌正寢

初九日晴暮雨點漢書半卷論董仲舒不及賈生其三對汗漫而無實徒儒而已午至石門觀上水船上湘船破一船晚歸放馬遇雨幾濕衣至

商务印书馆一九二七年刊
《湘绮楼日记》

张之洞提倡的汉学治学方法。王闿运对廖平确教导甚笃："廖(平)刘(子雄)明慧，深浅不同。而兼并轻躁，因时箴之、以进大道，则之道隆矣。"(《王湘绮先生闿运年谱》卷六)廖平以超越常人的勤奋和悟性，在经学研究和思想阐发方面苦心孤诣，发明孔经，成功转型为"专求微言大义"的今文经学立场，后来又逐渐从学者转变为心忧天下的一代儒家思想家。而王闿运此后则沿袭学者、文人、纵横家的定位继续前行，学问路径少有变迁。可见，王闿运与廖平师徒一场，对廖平在学术转型和治学方法上有启蒙之功，而在学术思想上则无传承之实。

三、旨趣异同考

廖平素以王闿运成就最大的受业弟子而成近代教育史和经学史佳话，屡为后人称道。然多泛论，不明其教学影响要点。今试考其著述，或可见互动之迹，裨益学术史家驳正旧说。

王闿运著述涉及领域很广，经史子集无不涉猎而皆学有成就，一九二三年长沙校刻汇印本《王湘绮先生全集》收有二十六种三百二十一卷，而经学著作据刘少虎考证有十九种。廖平一生著述丰富，据廖宗泽手稿《六译先生年谱》，引用廖平文著书目名录达六百六十种之多，一九二一年存古书局刊行的《六译馆丛书》收书一百一十种，今存约一百四十种著述，收入由舒大刚、杨世文主编的《廖平全集》中。

从王闿运和廖平在不同时期主要著述情况比较可知，王闿运在治学方向、研究门径和著作形式上对廖平影响较大。首先是研究方向，王闿运入主尊经书院时期，正是廖平经学一变时，廖平正是受王闿运影响而将主要学问方向从研究汉学转移为今文经学。其次，在研究门径上，王闿运从《穀梁传》入手研究《春秋》，早岁作《穀梁申义》，入蜀前夕作《春秋公羊传笺》，廖平步趋乃师以《穀梁》研究入手求孔经大义，五年间竟著穀梁学三十七种五十卷之多，其中不乏《穀梁古义疏》这样代表清人穀梁学水平的著名作品，然后才开始有深研《公羊传》的若干著述。最后，廖平研究春秋学的著作，常采用义例、凡例、图表等归纳法和形象化研究手段，虽属春秋学治学传统，此亦必有王闿运《穀梁申义》《春秋例表》等著述的研究方法和作品形式的影响。

就深层学问路径而言，廖平有三方面应是受王闿运影响较深的。一是以礼制入手研究经学。王闿运早年深究礼学，以礼学视角研究经学是王闿运的基本学养所在，廖平经学一、二变，皆善以礼说经，为刘师培所称道高标者在此："长于《春秋》，善说礼制，洞彻汉师经例，自魏晋以来未之有也。"这不能不说主要是王闿运的教导影响所致。

二是廖平经学研究遍涉十三经和诸子百家，经学四变之后皆纳入孔经体系，内容无所不包，这与王闿运遍注群经诸子、学通经史子集的学术开放性、包容性的影响也不无关系。三是王闿运汉宋兼采、大胆说经、通经致用的湘学风格，也影响了廖平的学思方向。

从廖平对王闿运的影响而论，总的来说是比较微弱的。因为王闿运的学问重心不在经学，而在诗文史传和纵横经世，而且入蜀时王闿运已经年在半百，经学规模基本定型，加之教务繁忙，尊经书院山长任上又三次回湘，半数时间在湖南，其为精力和心境所限，不足以在经学上再有转型的可能。但也不能说没有任何影响，比如，王闿运在尊经书院时期，开始用汉学方法研究经学，并有小学著作酝酿成书，如《补许氏〈说文〉古籀释》《〈小戎篇〉车制器饰考》《尔雅集解》《王氏六书存微》等。若有一些影响的话，我们可视之为以廖平为代表人物的近代蜀学对王闿运产生影响。

结语

综括以上考察，王闿运对廖平有今文经学启蒙之功，而两人深层学术思想则大异其趣。我们从学术史角度看待王闿运和廖平师徒关系时，既要看到王闿运对廖平的有关影响，又当注意这种影响的有限性和两人学术思想的差异性。

王闿运、廖平师徒直接的道德学问和学术思想的差异性，容易为人忽略。其志趣大异，表现在总体定位、治学模式、价值取向和思想风格等方面。总体定位上看，王闿运定位宽泛，教育家、学者、文人、纵横家皆可命之；而廖平之定位明晰，早期为儒学学者、后期为儒家思想家。从治学模式上，王闿运虽大胆说经，但毕生固守传统义理，沿袭传统学问，后期则以讲学为主；而廖平精勤学思，创新不已，学贯古今中外，推扩全球宇宙。在价值取向上，王闿运虽有通经致用之志，现实表达却主要是追求个人闻达的名士，廖平则一贯是心忧天下的醇儒。在思想风格上，王闿运保守调和，廖平恣肆汪洋。两人未见前志趣大异，尊经书院期间廖平深受王闿运治学方向和治学形式上的教导和影响，而后尊经书院时期，两人仍然是志趣大异。这些学术影响理路的辨析，不仅不会削弱王闿运和廖平风云际会在湘蜀两地学术互动和学术思想史的重大历史意义，而且更有助于我们认识把握学术和思想发展的特征及其规律，裨益中国传统文化复兴。

（作者系温州大学人文学院教授，浙江乐嘉人）

铭德纂行 光采允集

——蜀学视域下的何绍基

霞绍晖

巴蜀地区偏隅西南，山川秀丽，物产丰富，是人类早期发祥地之一。自古以来，这里文化发达，个性鲜明，为中华民族哺育出了一批又一批的历史文化名人。即或在巴蜀地区人口锐减的元明清初之际，这里也宗教流行，名僧高道，层见叠出。可以说，正是这些巴蜀地区的文化名人，不断地创造和引领，形成了与“齐鲁文化”“吴越文化”“荆楚文化”“燕赵文化”等并称的“巴蜀文化”。在多元统一的中华文化宝库中，巴蜀文化极具包容和创新，是中华文明前进的内在动力之一。

在巴蜀文化发展史上，除了巴蜀籍的杰出人物为巴蜀学术文化发展做出了巨大贡献外，一些非巴蜀籍的士人，也为巴蜀文化发展起了重要推动作用，如先秦秦国的李冰父子，西汉的文翁，东汉的张道陵，三国的诸葛亮，唐代的杜甫、薛涛、韦庄、杜光庭，清代的张之洞、王闿运等，不一而足。他们或治蜀有功，或文教儒化，大大推动了巴蜀地区的学术文化向前发展。上面提到的这些人，在中华文明发展史上功烈位尊，妇孺皆知，无须赘言。然而在清代，却还有一位被忽略的人物，也对巴蜀学术文化的发展产生过重要影响，他就是著名书法家何绍基。遗憾的是，目前对何绍基的讨论与研究，大都停留在其书法和诗歌创作上，而对其礼学、史学、许学、金石学等，研究甚少。至于对其生平事迹、学术渊源等问题，还停留在编制年谱、考订交谊、探寻书法趣旨、总结诗歌成就等问题上，而未曾深入地整体上考察其行事及学术思想。至于何绍基的立德之本，立功之道，则更是寥无所涉。鉴于此，本文拟将何绍基放在蜀学这一视域中，从蜀学这个侧面来考察何绍基其人其事，深入探讨他对巴蜀文化发展产生的重要影响，从而期以更为全面地认识他。

一

何绍基（一七九九—一八七三），字子贞，号东洲，别号东洲居士，晚号蝯叟，湖南道州（今湖南道县）人。清代著名书法家，诗人，学者。道光丙申（一八三六年）进士，改翰林院庶吉士，散馆授编修、国史馆总纂，历典福建、广东、贵州乡试，并视学浙江。咸丰二年（一八五二），简放四川学政，“崇学敦教，士皆悦服。按部所至，尤留心民生利病”。五年（一八五五），以言事罣吏议免于任。罢官后，主讲山东泺源、长沙城南诸书院。同治九年（一八七〇），受聘扬州书局，主持《十三经注疏》的校定工作。同治十二年（一八七三）卒，享年七十又五。绍基自幼颖悟，八岁入著名学者阮元、程恩泽之门，经史律算诸书，靡不足读，尤好小学，旁及金石、图刻，博综覃思，实事求是。著有《东洲草堂文钞》二十卷、《东洲草堂诗钞》三十卷，已刊行。另有《惜道味斋经说》《说文段注驳正》以及《何绍基日记》等，未见刊行。

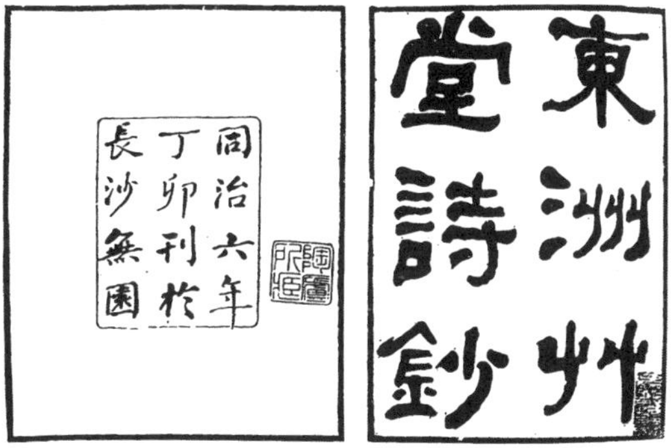

《东洲草堂诗钞》书影

何绍基出身于书香门第，父凌汉字云门，号仙槎，嘉庆乙丑进士，一甲探花，散馆授翰林院编修，官至户部尚书，谥文安，是著名的学者、书法家。“品行端谨，办事勤慎。”服官四十年，培养了许多俊杰之士。平生服膺许郑之学，而于宋儒之言性理者，亦持守甚力，“以文章道德系中外望者数十年”。其有子四人，除长子何绍基外，次子何绍业，字子毅，号研芸，与何绍基为孪生兄弟，官至兵部员外郎。善诗，工书画，精绘事，力追宋、元，尤善花鸟、人物，清超绝俗，不落恒蹊，尤精篆刻，亦极有才华，年四十一卒。三子何绍祺，初名绍闻，字子敬，号勗潜，善书画，尤精篆刻，官至浙江道员。四子何绍京，字子愚，号一溪，湖北候选道员。无意仕途，掌教桂阳鹿峰书院。诗词、书法及鉴赏，皆名于时。花卉兰竹，随意挥洒，清逸雅秀。书宗颜真卿，晚兼董其昌。兄弟四人，时称“何氏四杰”。

何氏父子五人，在中国书画史上，成就辉煌，影响很大。其中，影响最大的，莫过于何绍基。晚清重臣湖南湘乡人曾国藩曾评价何绍基说：“盖子贞之学长于五事：一曰《仪礼》精，二曰《汉书》熟，三曰《说文》精，四曰各体诗好，五曰字好。”他还进一步强调说：“若字则必传千古无疑矣，诗亦远出时手之上，必能卓然成家。”曾国藩乃一代高望，与何绍基深交四十年，其对何绍基的评价，颇有洞见。何绍基一生勤奋自持，读书不倦，这深深地影响了他的书法艺术。他的楷书融汇颜、欧、李诸体，成就很高；其行草雄逸脱俗、奇矫自然；其隶书融合碑帖，意趣高古。何氏书法的最大特征是把碑体与篆分手法熔于一炉，并独创回腕技法，成为中国书法史上杰出的书家之一。其诗歌创作，主宗唐宋名家，追求以学问为诗，具有意趣与平实相统一、多议论等特点，从而成为道咸之际宋诗运动的主要代表，也为后来"同光体"的繁兴作了理论铺垫，提供了创作实践经验。在学术方面，何绍基的学术与清代乾嘉学风一脉相承，在经史、小学等方面，颇有造诣。他的经学思想，具体反映在《惜道味斋经说》里。费行简曾看到何绍基关于礼的论撰，曾云："予尝于湘阴柳氏见其考证《礼经》二百余条，多据《大戴记》而贯通制度，言皆精切。又说文说若干首，探其源流，考定部居，虽不足拟段玉裁，而亦苗夔、莫友芝之伦。"总体上看，其治经学，主要还是以史征经，以经通史。小学方面，有《说文段注驳正》，对段氏疑误多有是正。其子何庆涵对何绍基平生事迹总结道："于诸经、《说文》考订之学，用功最深。文章师法马、班、昌黎，诗宗李、杜、韩、苏诸大家，书法溯源篆、分，下逮率更父子、鲁公、北海、东坡，神明众法，自成一体。傍及金石、图画、摹印、测算，博综覃思，实事求是。"《清儒学案》一七八卷《湘乡学案》也有类似的评议，其云："(何绍基)生平于经史、《说文》、考订之学，嗜之最深，旁及律算、金石、图刻，博综覃思，实事求是。"除了以上这些，何绍基还参与编纂了《重修安徽通志》，虽何绍基是参与编纂者，然其出力尤多。还撰著了《金陵杂述》一卷，记录了金陵（今属江苏省南京市）的风土人情。由此可见，"何绍基的学术思想有着满清极盛一时的乾嘉考据传统，善经史与小学，还对地理、金石、律算等具有'经世致用'特性的学术颇有研究"。遗憾的是，学界对何绍基的研究还很不充分，特别是他的学术思想，正如张舜徽所言："世徒重其书法，为有清第一。而不知其博极群书，学有本原，书法特其余事耳。即以书法论，亦非后人所易学步。"

除了书法、诗文、学术之外，何绍基还有奖掖后进，推动教育发展等功绩，这较为学界所忽视。他在四川任学政期间，整顿考风，巡视州县，为晚清蜀学的复兴做出了重要贡献。

二

自元蒙入川以还，巴蜀战乱不断，人口锐减，昔日天府之国，到处民生凋敝。经济是文化发展的基础，文化的发展与繁荣，离不开经济发展。长期的战乱，对巴蜀文化事业的破坏，可以想见。清《雅州志》云："蜀于献贼兵燹之后，又继以吴逆，疮痍未起，流亡未复，或有不耕不读之人。”即便有识之士，也不得不把子弟外送到江浙、京城一带求学。清《定远县志》云：“国初兵燹之后，家少藏书。士夫家子弟担簦负笈，远游从师。”这些学成者，少有回乡，几乎都寓居在外了。清朝立国之初，四川人烟稀少，田地废弛，一片萧索。民国修《泸县志·食货志》云：“旧志载清初编户三里，计户三百余，其萧条可以想见。”清朝定鼎，面对四川人口稀少的状况，实施了一系列补救措施，包括移民、减赋、垦荒等，最为显著的行为是“湖广填川”，大量迁徙人口入川定居。自此，四川经济慢慢恢复起来。民国修《泸县志·食货志》云：“献贼乱后，人口耗散。顺治十五年（一六五八），始设州牧，土著居民，渐次复业，外来客户，渐就招徕。”遗憾的是，其所移之民，多是农商之人，绝少士族。《清史稿·食货志》云：“四川经张献忠之乱，孑遗者百无一二，耕种皆三江、湖广流寓之人。”这些流寓者，往往为生存谋，加之当时藩乱匪作，居无定所，朝不保夕，根本就无暇读书，这就导致了四川地区学术文化远远落后江浙、燕京、中原一带。《仁寿县志》载陈韶湘《义学记略》云：“经元兵之惨，积百八十年，尤未能复宋世之半。明承元后，兵燹涂毒且尽。入国朝二百余年，儒雅之风究未大畅。”这一情况，直到道光中后期，才有了较为明显的改善。至光绪年间，四川地区的学术文化，已然复兴。光绪《岳池县志》：“近日经学隆重，生儒皆知学古。研经茹史，颇多博洽之儒。数十年来，科名亦盛。”除了经济发展以外，政府官员的励精图治，是四川学术文化发展繁荣的重要原因。细数其人，则何绍基与张之洞两位大贤功不可没。何绍基启路于前，张之洞接踵于后，为四川学术文化特别是晚清蜀学的复兴，起了重要推动作用。

经礼部侍郎张芾保举，何绍基于咸丰二年（一八五二），简放四川学政，并于八月领命。上任之前，应召入对圆明园，与咸丰帝深入交流，“晷移六刻始出”，这激发了何绍基报效朝廷的热情。八月初六日，何绍基上奏折谢受领四川学政之职，十一月十八日至成都。到任后，何绍基除了例行公事交接以外，还走访了寓居成都的仕宦名流，考察了解存在的各种弊端。他看到官署中人事浮靡，办事效率不高，便首先从整顿吏治开始。管理学政衙门，关键在于管控书差权力，不然考风便因之而败坏，故收拾衙门，整顿官差队伍，就是改变风气的首要任务。其《恭报岁试成都省垣情形折(附片)》云："因署中书吏、承差两项人数浮多，乃先行扃试书吏，令拟作告示，承差令默写《四书》；复察看其人，明白安静者，各挑出十一二名在署当差，余皆汰除。”这为后来改变四川学风学貌、考风考纪奠定了制度纪律基础。

经过考核，署中书吏承差人员虽有减少，但事务却相对集中，克服了等、靠、让、拖等懒散作风。二十九日，便令书吏发布《四川学政到任通行告示》，他要求：

第一：讲求朴学，尚友古人。

第二：品性端醇、才识超迈者保送应试。

第三：应试科目为四书、经文、诗赋、策论。

第四：学者必通经以致用，为国出力。

第五：考试务必公正，若有作弊者，一律严惩。

第六：地方官不得徇私，一经发现，执法从事。

这《告示》是何绍基根据“观风卷”所呈现的问题来起草的，其《恭报岁试成都省垣情形折（附片）》云：“时逼岁暮，发题观风，据各学将观风卷先后解到，臣随时批阅。”从其《告示》可以推断，当时四川的教育存在重大问题，一是重诗赋文辞而轻有体有用之学，二是文武各科，考纪松弛，考风败坏，枪手代考、冒名顶替等现象层出不穷。这两大问题，对国家选拔人才极为不利。为了改变这一现状，除了改革考试内容外，他还对考风考纪进行大力整治，“择其用功有门径者优加奖励，空疏浮浅者曲为训迪”。对文武童生冒名顶替、枪手代考等舞弊行为，“密查严办，言出法随，渐归整肃”。对指称歧考、冒籍、侮辱教官的痞匪，“饬提调官严拿审办，并自行提讯究惩”。由此四川考风考纪、学风学貌为之一变。以前崇尚诗词文赋的考生，渐渐开始转向经世致用之学。至张之洞入川任学政，大力兴办各级学校，自尊经书院建立，湘人王闿运出任山长之后，培养了大批人才，诸如廖平、宋育仁、吴之英、吴虞、杨锐、刘光第等一大批不论是学术还是政治实践，都具有全国影响的重要人物。正如黄崇麟说："有清二百年，蜀学暗黮，恒不逮他行省……创建尊经书院，以经史词章之学倡导后进，而湘潭王壬甫先生为之师，于是文雅彬彬，比于江浙。"

何绍基任四川学政时间不长，自咸丰二年（一八五二）八月上任四川学政至咸丰五年（一八五五）四月夺职被革，历时不到三年。但在此间，其因岁试，巡遍整个巴蜀地区，一大批士子学人接受了他的熏陶，如资州李桢坊、彭县吕调阳、泸州陈广旉、酉阳冉生（名未详）、夔州黄新甫与吴有斋、阆中徐让泉、彰明廪生吴琼与洪钧惠、灌县毕雪傭父子、雅安教官萧鸿吉、盐源县文生曹永贤、雅州江国正、嘉州李云生、洪雅伍芸青父子、秀才史记与孙史良佐、广元徐乃皋等等。其中彭县吕调阳、资州李桢坊、盐源曹永贤等，还得到何绍基赐赠之礼物。吕调阳、李桢坊等还绝意科举，开门授徒，著书立说，成为当时名播四川的硕儒。正是他们的努力经营，蜀学由此振兴发展。可见，何绍基对四川学术的影响，应该是巨大的。

三

虽然何绍基任四川学政时间不长，科场问题并没有得到根本解决，整治四川科场各种积弊，还得力于后来出任四川学政的张之洞，但他的“讲求朴学，尚友古人”“通经以致用，为国出力”等观念，却深深地留在了四川士子的骨髓里。若我们仔细寻绎张之洞任四川学政的主张，也可以看出是充分受到何绍基的影响的。十分巧合的是，张之洞出任四川学政，不论任命形式（特旨简放）还是面对四川科场的各种积弊，都与何绍基十分相似，不同的是，张之洞整整晚到二十年。张之洞在面对同样问题时，充分审视和吸收何绍基整治经验，并将之形成法律条文，付诸实践。

张之洞于光绪二年（一八七六）三月在其《整顿试场积弊折》中称：“窃惟考试弊端，各省皆有，然未有如川省今日之甚者。弊窦日巧，盘结日深，几乎并为一局，牢不可破。士子以舞弊为常谈，廪保视渔利为本分，以致寒士短气，匪徒生心。”四川科场积弊之深，盖因此地为移民地区，学术文化不甚发达，不是朝廷人才首选之地，故朝廷疏于管控，加之晚清吏治混乱，四川又远离京城，民风彪悍，各种积弊滋生，实属情理之中。针对试场各种积弊，张之洞上奏提出“惩鬻贩”“禁讹诈”“禁拉搕”“拿包揽”“责廪保”“禁滋事”“杜规避”“防乡试顶替”八条。仔细分析，其所针对问题，正切中何绍基《恭报岁试成都省垣情形折(附片)》中称“枪冒之弊”“或一童考数名，或两人替一人”“痞匪……指称歧考、冒籍”“勒索银钱”“侮辱教官”“健讼滋事”等诸端问题。何绍基当时虽未如张之洞那样逐条分析和提出处理办法，但从其奏折中可以看出，他仍然是依据既有法律条文，对有损试场清明的行为加以“密查严办”，一时“渐归整肃”。

在何绍基看来，巴蜀地区自古是出人才的地方，试场弊端不除，没有公平的考试环境，是难以选拔出可堪大任的人才的。上任两年之后，何绍基巡遍整个四川后，开始着手对试场进行整治，欲以彻底改变，使其发挥为国家选拔人才的主要功能。为此，他专门上书《请旨交议整顿考试力除弊窦折》，请求整治试场秩序。在其奏折中，他提出如下解决办法：

一、府州恪遵功令，亲当提调，有委员代办者，明定处分。

二、(对于文考舞弊)请由刑部斟酌地方情形，变通议复办理。

三、(对于武童冒名顶替)请由部严定章程，按旧例学额一名录送武童二十名，请旨饬遵办理。

四、取录武生，……应请川省武场，即派本郡职分较大之武员监射，以归简捷。

五、学政有教士之责，……应请各府县书院主讲，由学政随时查核，其并不到馆只领干脩者，一并裁革。

六、衙门书吏、承差两项人数过多，……察其人妥实者，照定额挑取当差，余俱汰除。

以上六条，与张之洞上书“八条”大体类似。不同的是，张之洞的主张得到落实，而何绍基的主张，只获得朱批“该部议奏”。随着不久之后何绍基被免职，或许“该部议奏”也成为一句空话。川省试场积弊，又多盘结二十余年，直至被高层支持的张之洞，才将巴蜀试场整治工作彻底完成。

对于四川学风学貌的整改，何绍基提出“讲求朴学，尚友古人”“通经以致用”等思想，张之洞在《四川省城尊经书院记》中，有详尽阐述。虽然此类观点并非何绍基首次提出，但对于当时学术风气不振的巴蜀而言，却有着改变浮夸之士习、革除荒乱之风俗的重大意义。作为全国最大的移民地区，四川外来移民多是工商之家，绝少士族，加之边患寖多，故士风习染，多彪悍而少温文，尚制艺而疏经史。宋育仁《重修四川通志稿·礼俗志》云：“科举盛行以后，汩于制艺，士多不学无文，其能自拔者，每欲假古谊以相号召。晚近学校，弊又甚焉。高者放言无忌，下者逐影如狂，趋赴潮流，荡而不返。”宋育仁所云此种情况，正是何绍基所面临的，故他在下车伊始，便制定了《四川学政到任通行告示》，号召和规范从吏员到童生的各种风尚和行为，包括童生学习内容和考试纪律、吏员工作态度、人才选拔目的、试场作风整治等多方面的基本要求。不但如此，他还借各个州府考试之机，巡视和详察四川各地学情，并将之上报，期待咸丰帝给予他自主权。虽然不久何绍基被夺职，其所设计之措施未曾推行，然在巡视过程中，何氏以其高古之姿，影响士子，特别是“通经以致用”的思想，深入四川各个州府的童生，这为四川经世之学风的形成，产生了重要影响。

何绍基对巴蜀地区的书院创建，影响很大。咸丰之前，整个四川地区的教育水准十分低下。我们知道，官办府学因各种原因，其招生名额十分有限，而唐宋时期民间书院出现，成为官办学校的重要补充。从某种程度上讲，地方书院的盛衰，可以反映当地的教育水平。据胡昭曦先生的统计，在咸丰年间，整个巴蜀地区的书院十分稀少，仅有十所，成都府一所，灌县一所，邛州一所，大邑一所，资州一所，内江一所，三台一所，射洪一所，乐至一所，潼南一所。到了同治年间，增加到二十四所。可见，何绍基出任四川学政后，各地书院应时陆续创建。这固然有四川经济慢慢复苏的原因，然而何绍基的号召，也是一种促进。

何绍基对巴蜀士子的影响，也有据可寻。彭县吕调阳，一生著述宏富，他绝意科举，创办书院，以教授生徒，著书立说为业。据他所述，完全是受到何绍基的影响。吕调阳弟子罗时宪在《吕先生小传》中说："某岁，先生应至清学宪何君子贞岁试，蒙取经解第一。何君谕先生曰：'川省人才轶出，凡学俱肯讲求，独于许氏说文一书，何竟无人涉猎？'及归，急购阅之。"他深感《说文》"专据小篆为祖，集采异说而成之，商周彝器，目所未见……诸所说解，多滑泯之辞"，故"求诸古文及三代彝器之文……援古书古义古韵以正之"。后来吕调阳著有《六书十二声传》《解字赘言》《商周彝器释铭》等，还结合商周彝器讲授《说文解字》，这无疑都是受何绍基的影响。吕调阳在著述立说、教授生徒过程中，往往以"经世致用"为目标，反对一心营务科举而不求济世。他曾对门下弟子罗时宪说："凡人内重则外自轻。功名，命耳！若不知此，专以时艺试帖为事，岂不耽误许多读书时候？况腹有诗书气自华，天下岂有博雅君子而反不能文者哉！我自游庠后，即常以著述为事，迄今计之所得，与日为时艺试帖孰多？"这虽然是吕调阳对其门下弟子所言，然当时四川省的书院和府学，在人才培养上，基本上是以“通经致用”“为国出力”等为目标的。张之洞主政后，还选拔一批学童送出去，其中四川籍学子亦复不少。

四

作为中华文化重要一支的巴蜀文化，在整体趋同的发展中，呈现出自己的特色。一方面是这里土地肥沃，物产丰富，山雄水秀，人杰地灵，在历史上出现了众多伟大的文化名人，如落下闳、司马相如、扬雄、陈子昂、李白、“三苏”、杨慎、张大千等，他们不但是巴蜀的骄傲，也是整个华夏民族的骄傲。正是他们的杰出成就，使得巴蜀文化在全国范围内具有举足轻重的地位；正是他们的高标节操，被后世一辈又一辈地加以颂扬。然而，除了巴蜀籍的杰出者为巴蜀文化发展做出了贡献外，非巴蜀籍的，诸如文翁、诸葛亮、杜甫、张之洞、王闿运等，也为巴蜀文化发展做出了重要贡献。何绍基作为咸丰年间简放四川的学政，也为改变四川文化凋敝状况，为晚清蜀学的复兴做出了重要贡献，值得我们注意。

（作者系四川大学古籍整理研究所馆员，四川江油人）

舒新城的四川之旅

蔡炯昊

一九二四年十月十五日，时届仲秋，三十一岁的湖南人舒新城应国立成都高等师范学校之聘，自南京溯江而上，经过半个多月的旅途奔波，抵达四川成都，开始其在川持续不到一年的教学生涯。秋季的江南，多为艳阳高照的“小阳春”天气，而四川所在的华西地区则多阴雨，不知是否有天气转换的原因。舒新城在登舟西行途中，即开始思念家人：“脑中便充满了别离的憧憬，虽然勉强以撰文为移转注意之工具，但思流有一隙空地便又为思家之念所占去。”所以舒新城与妻子通信甚多，入川途中及在成都高师任教期间见闻与感想，在家书中描述甚详。数年之后，舒新城依托上述记录将这段经历写成一本小书《蜀游心影》，于一九二九年出版刊行，道尽其中甘苦，如人饮水，冷暖自知。

舒新城在《蜀游心影》的序言中便写道："蜀道难行，自昔已然。民国来，虽然重庆以下，直通航运，便利与速度均远胜从前；然而重庆以上之难行，并不大异于往昔。"一方面，轮船铁路的使用，节约了不少时间，但这些交通工具所不能抵达之地，则更为边缘了。光绪四年（一八七八）秋冬王闿运从长沙赴成都，共耗时一月有余，比舒新城慢了不少。但是，王闿运所处的时代，长沙和成都皆无轮船与铁路，而舒新城的时代，重庆以下则有了轮船。相对而言，重庆以上的四川腹地变得更为偏僻了，这是近代以来变局所造成的，而其影响从政治、经济层面波及思想与文化风尚。透过舒新城之眼，我们可以管中窥豹，一瞥此时四川文教思想界的动态，及其与舒新城生长求学的湖南，任职的上海、南京等地的差别。

一、近代湖南学风与舒新城其人其学

钱基博在抗战时期论及湖南近百年学风，先言地理，认为："湖南之为省，北阻大江，南薄五岭，西接黔蜀，群苗所萃，盖四塞之国。其地水少而山多，重山叠岭，滩河峻激，而舟车不易为交通。"而这种地理环境的相对闭塞所带来的学风则是："风气自创，能别于中原人物以独立。人杰地灵，大儒迭起，前不见古人，后不见来者，宏识孤怀，涵今茹古，罔不有独立自由之思想，有坚强不磨之志节。湛深古学而能自辟蹊径，不为古学所囿。”钱基博作为无锡人士，抗战期间客居湖南，任教于当时僻处湘西蓝田的国立师范学院，其所论既有写实的一面，亦不乏“写意”的成分。湖南在清代中叶以前，确实因距离当时学术文化中心江南与京城较远，故清代考据之学极盛的乾嘉年间，湖南几乎未有以考据闻名全国的学者。但道咸以降，海内多故，湖湘士人多以讲求经世之学而为人瞩目，从贺长龄、陶澍、魏源起，湖南人物渐次崛起，咸同军兴，曾国藩、左宗棠、胡林翼等以书生建军功，创办湘军镇压太平天国而成为所谓“中兴名臣”，一时间名动海内。此后，湖南读书人常有“以天下为己任”的意识，充满自信，并常表现出激烈的态度。

舒新城是湖南溆浦人，出身于中等农家，早年生长乡间，求学于私塾与书院，受传统儒学教育，有良好的旧学功底。清末科举停废，舒新城这一代的读书人命运的方向改变。书院改学堂之后，舒新城先在本县入高等小学，辛亥革命之后考入长沙的高等师范学堂，就读英文科。当时湖南高师位于岳麓山下的岳麓书院旧址，与长沙城隔湘江和水陆洲相望。在此求学的四年之中，舒新城既受清代在湖南影响甚巨，并以岳麓书院为重镇的传统宋明理学的影响，又因接触英文书报、清末民初种种宣传新思想的新式中文报刊的影响而赞同辛亥革命并且服膺新文化运动所主张的新思想。舒新城回忆在湖南高师所在的岳麓书院旧址：“本是朱子讲学之地，所以正对大门之大讲堂仍为旧时遗物，而有朱子亲笔书高达丈余‘整齐严肃、忠孝廉节’的石刻，分嵌堂内外左右壁。”且当时校中主事者皆重视性理之学，“任何场所凡为学生起居所到之地，均择录先贤语录或事迹悬之壁间以资儆惕”。事实上，舒新城与同时代的青年类似，一面以激烈的姿态倾向革命并反传统，一面又从传统的思想资源中汲取养分，在湖南这样一个理学氛围浓重的区域，舒新城耳濡目染，并不觉得与新思想有冲突，他回忆“因幼时经过私塾与书院的生活，对于所谓性理之学，虽无门径，但很愿接受。又值筹安会发生，思想苦闷无出路，骤睹此种性理之学的教条，内心若似有了安排。因而在行为上也力加洗练，以期希圣跻贤”。晚清湖南集传统立德、立功、立言“三不朽”于一身的曾国藩成为最重要的乡贤，某种程度上而言，曾国藩是思想倾向各不相同、社会地位悬殊的湖南读书人的最大公约数。舒新城在湖南高师期间便认为《曾文正公全集》是对他影响最大的书籍之一。另一方面，清末湖南自陈宝箴任巡抚，提倡维新变法以降，一直是思想文化上趋新的区域，并就此由边缘跃居中心。一则因为湘军崛起之后连带着湖南在全国的地位抬升，湖南士人的自信心增长，“以天下为己任”的心态配合讲求性理之学、经世之学的传统而影响更广。一则随着近代交通与通信技术的进步，铁路、轮船、电报的引入使得湖南特别是以长沙为中心的湘江流域从过去相对闭塞之区成为通衢之地，也在客观上促进了外来思想的传播和接受。从戊戌维新至辛亥革命再至五四新文化运动，湖南无不得风气之先。相对而言，清代中叶以前，与湖南同为边缘区域的四川，则在近代变得与中心的距离更远。

晚清民国以降，湘蜀两地学术文化渊源颇深，名宦、学人来往两地者众，其中不乏顶尖人物。仅就湖南入川者而言，前有何绍基掌四川学政，奖掖一批四川地方士子，何绍基道咸之际以书法文章知名于当世，并将其文章书法通过当地士子在四川传播；后有曾国藩任四川乡试主考，拔擢不少才俊。至光绪五年（一八七九），湖南名儒王闿运应四川总督丁宝桢之邀，入蜀主持成都尊经书院。王闿运在全川选拔才俊之士，督课甚严，廖平、宋育仁等后来在思想界得享大名者，皆出自此时王闿运执掌的尊经书院。也因为尊经书院的示范效应，四川学风为之一变。与湖南、广东类似，四川在此时从清代学术的边缘，而渐有跃居中心的态势。不过，随着世变日亟，中国思想学术受到的西来冲击越来越强，其自身原本的变化可以看作“丸之走盘”

的“在传统中变”，到了甲午、戊戌之后，已经是“在传统之外变”了。在此情形下，四川因现代交通、通信等条件的不便，再次变得边缘，直至被趋新知识人视为“国中的异乡”。因此，从舒新城二十年代入蜀的见闻，也可看到，此时湖南与四川的思想学术风气的不同步，与清代的情形可谓迥然不同。

自湖南高师毕业之后，舒新城先是在长沙兑泽中学、福湘女校等处任教，后来辗转入易培基掌校的湖南一师任国文教师。湖南一师当时与浙江一师一道被称为北京之外新文化运动在地方上的两个中心，聚集了一帮致力于宣扬新文化、新思想的师友。舒新城在此期间加入少年中国学会，并逐渐在全国知名的报刊上发表不少文字，崭露头角。

二、舒新城入蜀与途中见闻

舒新城入蜀之前，已经在长沙、上海、南京等地多个学校任教，其中湖南一师、上海公学在全国范围内有相当影响力，加之得到梁启超系特别是张东荪等人的提携，曾在《时事新报》等报刊上发表不少文字，从地方边缘知识人一跃而成为文教界知名人士，其人际网络已经遍布全国，以“天下士”自期。如他自己所言：“三五年来，更在大江南北，结识些四川朋友，更从他们口中得着些现在的四川情形，向往之念，自然更深一层。”因此入蜀之时，舒新城已经不是湖南的地方人物，而是有全国知名度的知识人。其在四川的见闻印象，亦可视作当时趋新的主流知识人的意见。

舒新城从南京出发之后，先是乘轮船至湖北宜昌，随后进入长江上游，换乘宜昌至重庆的专行川江的轮船，自此开始，情形便有所不同。首先是船舱“与宜昌以下各船之构造大异：机器间极大，占去全船面积之半”，其次是抽着鸦片烟的乘客和夸夸其谈的军人。四川的形象不佳，从自然到人文环境，给了舒新城先入为主的印象。轮船已经是当时从长江中下游进入四川最现代的交通工具，然而只能到重庆为止。

七十三年之后，当美国人何伟（Peter Hessler）来到当时还属于四川的长江边小城涪陵任教时，他的“异域之眼”所看到的四川城乡景观是这样的：“长江上空星斗闪烁，漆黑的水面却映不出微弱的点点星光。”与舒新城时代相比，二十世纪九十年代的四川虽然有了火车，但是“长江上的状况一点也没有得到改善。火车很慢，道路交通糟糕透顶”。何伟注意到重庆是一个污染严重的城市，“河谷里总是大雾弥漫”，与舒新城抵达重庆时看到城市“煤烟冲天”的景象并无二致 。以至于舒新城当时“便感着一种压迫”，甚至生出了要返程的念头。连接四川与外界的长江则永不止息地奔流，时而平缓、时而湍急："重庆以北五公里，长江急转向东，拐弯处有一座佛龛，一座历经风雨的宝塔高高地俯瞰着江面。"舒新城没有立刻掉头东返，而是舍舟登岸，从重庆由陆路西行，轮船及其所象征的现代文明就此远去，前面更是一个旧世界："重庆以上要走陆路。孤身宿店，实是最可恐怖的事情。"好在有传统的"长夫"能够代为照料一切："何路可走，何地有险，他不独知之，而且代客安排。"于是，舒新城十天之后终于抵达四川的"首善之区"成都。

三、"国中异乡"的学术与社会

经过漫长的水陆跋涉，终于抵达成都。最初舒新城兴奋不已："多年来梦想的成都，二十余日来时时想达到的成都，果于今天下午三点半钟到了！"舒新城第一眼看到的成都城是这样的："巍然高耸的城墙横在前面，虽然看不清墙上的砖痕，但阳光反映出来的灰黄的壁影，屏风一般地遮在眼前的景色。"城墙在近代趋新人士的眼中，常常是"守旧"的象征，辛亥革命之后，不少城市的城墙已经遭到拆除，并将之作为除旧布新的重要举措。成都高耸的城墙，似乎暗示着这座城市的宁静和保守，不过新的变化也在产生，舒新城进得城门后便见到"乱石满街，两旁的店铺也拆得七零八落"。这里是成都有名的繁华地段东大街，当时主政的督理杨森推行市政改良，将街道拓宽重铺，彰显出一些革新的气息："走不多远，便到新修成的马路上，形式与上海的大马路相似"，而所售卖的货品"尤以洋货及绸缎为最多"。成都便是这样一个新旧杂陈的内地都市，城市如此，位于成都城中心位置的成都高师，亦呈现出一派半新不旧的气象。

关于成都高师，舒新城写道："高师以旧日的皇城为校址，城墙仍在，周缘十余里，地基可称广大。不过学校所占的地面不过数十亩，房屋虽系平房，但只能容四五百学生……校舍以外大半为菜园，校舍附近有煤山及小建筑物。"舒新城只是客观地描述，也可以看出成都高师校舍的面貌。十多年后，任鸿隽接掌已经改为国立四川大学的成都高师时，对校园的描述就更不客气了："四川大学校舍的朽坏，首先就使人得到很不好的印象"，"房屋大半均朽坏，不蔽风雨"。校舍建筑的旧尚能接受，最令舒新城不满的是图书资料以及新式报刊的不足，成都高师的图书馆"近四五年的中西书籍固然极少，报纸杂志更少"，这与客观的交通条件不无关系，新文化和出版的中心在上海，由轮船、铁道所构筑的新交通网络没有包括成都，由出版中心发来的新书报杂志"冬令长江上游及嘉陵江水涸时——不能到、且多遗失"，"京沪报纸到此常在一月以上，所谓新闻都成陈迹"。至于成都高师的学生"则大半不能阅英文书，既不能将我所带之书指定彼等阅读，而又无中文适当书籍可令彼等参考，他们除了在讲堂耳食而外，实无他法，学业成绩也难责其优良”。在如此困难的情形下，舒新城在成都高师开课，讲授教育学课程。他这时以“新人物”自许，认为成都高师的“新文化”尚在启蒙期，所以一方面与校内同人交往不多，而与成都的新文化人陈岳安、李劼人颇为投契。陈岳安当时经营着华阳书报流通处，代理除了商务、中华以外的所有新式出版物，然而销量却极有限。对此，舒新城评价道：“四川的所谓新文化几乎全恃他的努力”，但是“他每年的营业有时还够不到糊口”。

另一方面，舒新城在教学上倾注了不少心力，他虽然对成都文教界批评不少，但对成都高师的学生仍不乏赞赏，认为他们非常勤奋，“虽然对于所谓新文化有一部分不大相容，但对于学校的课程却极其重视；无论那一部的学生，大多数都是自朝至于日暮在纸糊窗中与清油灯下的自修室里孜孜研习”。舒新城抱持着“文化救国”的思想，希望“切实教导青年，使其思想革新，归趋于所谓新文化”。在这样的情形之下，舒新城于一九二四年十一月十一日开始上课，到同年十二月二十二日，成都高师即因经费不足，按照惯例提前放假，最初的半个学期在相安无事中度过。

筠仙仁兄先生道席别復經歲企想為勞闓
運者又到上海並覗首欲招
名德吳江既冷湘水回春季子修好敕
出藻籠
玉池高臥亦不安矣卑石遲賢待
開新席丹燒書到事在意中不可不豫防也去
歲無聊偶與李相往還論外事皆牽涉
大賢以為切證誠以當今知洋務者以
公為先覺先知雖然青生於藍後生可畏人定
勝天之說陰於有邑峯六合之量然以英俄為三代
之治則非事實今寄上三章乞
加評定並
示其評以待後世論之但不可使中華未克致刑
之酒意錄為屬此事頗有關係非笑語也金剛
中心唯趣好可與閱處士橫議矣
致仕老夫子處士鄉石薇禚四月七日闓運叩

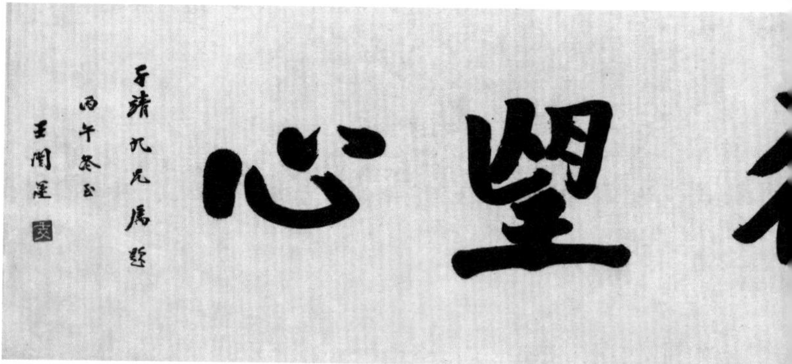
望心

『忍耐力希望心』行书横披

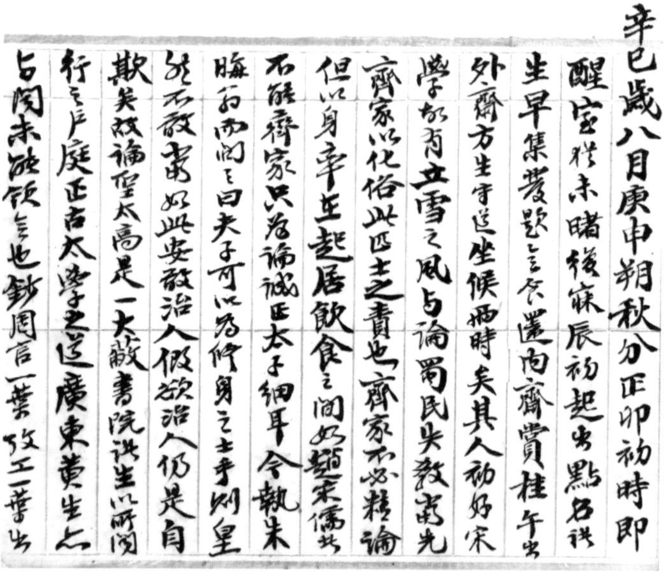
辛巳歲八月庚申朔秋分正卯初時即
醒室猶未睹後寐辰初起出點名試
生早集獎題之食還内齋賞桂午出
外齋方生守道坐候兩時矣其人初好宋
學能有立雪之風與論蜀民失教而先
齊家以化俗此四士之責也齊家不必精論
但以身率正起居飲食之間如趙宋儒共
不能齊家只務論誠正太子細耳令執朱
晦翁兩間之曰夫子可以為修身之士乎則皇
然不敢當如此安敢治人假欲治人仍是自
欺矣故論聖太高是一大敝書院諸生以所聞
行之戶庭正古太學之道廣東黃生亦
與閱未遊飯之也鈔周官一葉改工一葉出

《湘绮楼日记》手稿

四、卷入风波与新旧之争

因为舒新城的名气和趋新又负责任的态度，很快赢得了成都高师学生的爱戴，其名声也传播到校外。寒假之中，他不但自行给学生开课，“当地男女青年所组织之学术团体有邀请讲演者，有来晤谈者，亦均竭诚指导”。除此之外，舒新城爱好摄影，当时常携相机在各处拍照，不少学生对此感兴趣，也邀请舒新城指导。很快，舒新城就与一批趋新的青年学生相熟，其中包括成都高师的女生刘舫、林静贤。寒假之中，舒新城与李劼人、陈岳安、林静贤及家人、刘舫还曾遍游成都城内诸名胜，还曾同游四十里之外的新都宝光寺，相互颇为投契。此后，舒新城指导刘、林二女生读书写作，推荐阅读当时的新文学和新文化派的报刊：“《呐喊》《超人》《隔膜》《星海》及《小说月报》《妇女杂志》《语丝》《现代评论》等。”并在此基础上指导二人作笔记、写日记、写游记。其中刘舫天资更高，也更为努力，成为舒新城的入室弟子。这种不避嫌的行为，已经引起不少人的侧目。据舒新城后来的分析，仍在于成都思想观念的落后：“因为政治上、交通上种种关系，文化的进步是比较缓慢一点。”

寒假之后，春季学期开始，舒新城更是大受欢迎：“因为三四月之间成都举行花会，成都教育界也在那时最活跃”，当时舒新城对于讲演的要求有求必应，“每周都得讲二三次，每次的听众都不少”，以至于“成都报纸几于无日不有我的姓名。当时的成都青年，有许多好似中了魔一般，对于我的一言一动，都觉得有一种引诱力而有意无意地在那里模仿”。至于讲演的内容，多为鼓吹新文化的理念以及改良教育制度和教学法的问题，也多涉及文言与白话之争等等。因为成都高师校方整体趋于保守，对于许多内容并不赞同，“尤其关于文字上的文言、语体问题”。加之学生受舒新城影响而变得趋新，“所以教育界，尤其是高师的一部教职员看到这种情形，都有意无意间感觉到舒某是一位危险分子”。

在这种情形下，舒新城渐渐不容于成都高师校内的保守势力。学生分化为“拥舒”和“驱舒”两派，平时的新旧思想立场之别转化为直接的态度和行动。此后，事态进一步严重，引起主政的督署干预，派出宪兵抓捕舒新城。在李劼人和陈岳安的掩护之下，舒新城于一九二五年五月十一日，涉险化装离开成都，结束了在成都高师的教学生涯。这段生涯虽然不长，但舒新城认为“在我的生活上即教育见解上，却发生了决定性的影响”。

（作者系四川大学历史文化学院助理研究员，湖南长沙人）

建筑里的湖湘文化

柳肃

湖南在中国历史上是一个特殊的地带，湖南地域的文化也在不同的历史时代体现出不同的特征。人们平时常把湖南地区的文化统称为湖湘文化，而实际上湖南地域的文化应该按照时间段来划分。第一阶段，从商周到唐代，这一阶段属于楚文化；第二阶段，从宋代开始到清朝后期，这一段才是真正的湖湘文化；第三阶段，清末到民国时期，这一段是在湖湘文化基础上吸收外来文化而产生的新文化。

这三个时期在湖南地域的建筑艺术上有着明显的体现，可以清楚地分出三个阶段的特征。因而湖南地域的建筑文化和建筑艺术也应该按照时代来划分，不能一概而论。

一、楚文化时期

中华文明起源于黄河流域和长江流域。黄河流域文化，我们大体概括为中原文化。长江流域的中段地区，我们大体概括为楚文化。

楚文化再往南的地域就属于“百越”少数民族地区，也就是历史上所说的“南蛮”地带了。而湖南恰好处于中原汉族文化与南方少数民族文化的交接地带的湘楚地域。楚文化本身就有它的特殊性，再加上处在与南方少数民族边境交界地带，其文化上当然会有更多的奇异特征。

中国古代最有代表性的两大文化区域，一是北方的中原文化，一是南方的楚文化。如果从文学艺术的特质来看，中原文化的特质是现实主义，楚文化的特质是浪漫主义。在文学上，中原文化的代表是《诗经》，楚文化的代表是《楚辞》。《诗经》中描写的都是现实生活中的事物，国家大事、战争风云、劳动生产、男女爱情等；而《楚辞》中所描写的几乎完全与现实生活无关，天上地下，人间鬼神。

东汉文学家王逸在《楚辞章句》中指出了屈原的辞赋和楚巫文化的关系：“昔楚国南郢之邑，沅湘之间，其俗信鬼而好祠（祀），其祠必作歌乐鼓舞以乐诸神。屈原放逐，窜伏其域，怀忧苦毒，愁思沸郁。出见俗人祭祀之礼，歌舞之乐，其词鄙陋。因为作《九歌》之曲，上陈事神之敬，

汉代文物和战国楚文物风格一致

下见己之冤结，托之以风谏。”

《楚辞》的内容是天地鬼神，《楚辞》的辞藻色彩斑斓，充满浓厚的浪漫气息，楚地出土的文物也充分证明了这一点。色彩以红黑两色为主调，图案中大量有如云彩流动的曲线。湖南、湖北各地春秋战国古墓葬中出土的器物，几乎都是同样的题材内容和同样的装饰色调。长沙马王堆出土的文物也是典型的楚文化浪漫气质的表现。虽然秦朝统一的时候已经把楚国灭掉，汉朝已经不是楚。但是文化具有相当长的历史延续性，并不会随着改朝换代而立刻改变。秦朝灭六国统一天下，但是秦王朝维持的时间只有十五年，紧接着就是汉朝。所以汉朝的文化，尤其在艺术审美上基本上仍然维持着春秋战国时代的特征。长沙马王堆汉墓中出土的文物，其艺术风格和春秋战国楚墓中出土的基本一样，这就是最好的证明。

楚文化在建筑艺术上的表现，也如同其他的器物一样，有着夸张奇特的造型、浓重的色调以及充满神秘的

湖南特有的
封火墙“猫弓背”

装饰题材内容等等。

中国古代建筑中，南北方建筑风格迥异。例如屋顶的翘角，北方建筑的屋角只是微微翘起；南方建筑的屋角则翘得又尖又高。北方建筑的山墙都是比较简单的人字形山墙；南方建筑的封火山墙则高高耸起，有着各种奇特的造型。尤其是湖南的封火墙，俗称“猫弓背”，只有湖南才有，别处都没有。南方建筑的这种奇特的屋角高翘和封火墙造型，从建筑学上来说，既不是使用功能的需要，结构上还制作困难，甚至不合理。那么为什么要这样做呢？只有一个解释，那就是审美趣味使然，喜欢这样，觉得这样好看，这就是一种浪漫气息。这种浪漫气息就是源于最初的楚文化。

从中国历史发展来看，春秋时代，南方有一个强大的楚国，经济文化都很繁荣。汉代的长沙国在文化上可以认为是楚国的延续，因为秦朝延续时间很短，只有十五年。

汉代的长沙经济繁荣，汉文化也保持了楚文化的特征，长沙马王堆出土的文物就是最好的证明。

汉朝以后，由于王朝中心长期设在北方中原地区，南方再度被边缘化，成为相对落后的蛮荒地区。唐代柳宗元被贬官下放到湖南永州，贬官流放的地方当然不会是好地方。

二、湖湘文化时期

宋代以后，北方草原地带的游牧民族不断南下进入中原，辽、金、西夏等少数民族政权相继建立，与汉族的宋朝并存，互相争夺生存空间。连年战乱，导致中原汉人大批南迁。整个国家的政治、经济、文化中心南移。湖南由落后蛮荒之地，一跃成为经济文化繁荣的中心地带。“洞庭鱼米乡”“湖广熟，天下足”的说法，就是从这时候开始的。文化教育繁荣发达，宋代后，湖南成为中国书院数量最多的省份之一。四大书院有其二，长沙岳麓、衡阳石鼓（宋代四大书院有各种不同说法，其中一种是长沙岳麓、江西白鹿洞、河南嵩阳、衡阳石鼓）。宗教文化中心也到了湖南的衡山，因为象征国家统一的东南西北中五大岳已经丢掉四个，只剩下南岳。儒学思想也在这时候发展到一个新的高峰，湖南人周敦颐创立了理学。理学传人胡安国、胡宏、张栻等人创立湖湘学派，这才算是湖湘文化的真正起源。

湖湘学派提倡经世致用的理性精神，这种精神也影响到文化艺术领域。在建筑艺术上也有所体现，首先是在文化教育领域。宋代以来湖南地区文化教育繁荣发达，因而文教建筑也特别发达。官办的学宫和民办的书院遍布全省各地，甚至边远的少数民族地区都已经有了学宫和书院。

文教建筑与儒家思想关系密切，首先最突出的一点就是都要祭祀孔子。古代礼制规定“凡始立学者，必施奠于先圣先师”(《礼记·文王世子》)。凡学校都必须祭孔子。官办的学宫都有一座独立的孔庙或文庙，所谓独立的文庙，就是在一条中轴线上有一组建筑。而一般民办的书院就没有独立的文庙，只是在书院中间有一座殿堂用来祭祀孔子。岳麓书院有独立的文庙，这在一般民间书院中是极其少见的，说明岳麓书院的地位很特别。

湖南现在保存下来的学宫文庙还有十几座。例如岳阳文庙、宁远文庙、湘阴文庙、浏阳文庙等。它们都有宏伟的殿堂，红墙黄瓦，极具皇家建筑的气派。宁远文庙大成殿前面的石雕龙柱非常著名，是国内建筑石雕的精品；湘阴文庙大成殿造型特别，国内少有；浏阳文庙保存着一套完整的古代礼乐乐谱，是国内少有保留下来的古代礼乐曲谱。

宋代以来湖南的民办书院也非常繁荣，宋朝最著名的几大书院中，就有两个是湖南的，一是长沙的岳麓书院，一是衡阳的石鼓书院。书院数量在全国各省中排在前面。例如比较偏远的茶陵，一个县就有书院三十多座，培养出进士一百多名。

民间爱读书的风气也非常盛行。中国古代本来就有“耕读”的传统，哪怕偏远农村的老百姓都以耕读传家为追求的目标。辰溪县的五宝田村，是一个保存完整的古村落。村前有一座耕读所，即村中过去的小学。大门上面有一幅匾额“三余余三”，“三余”意思是冬者岁之余，夜者日之余，雨者晴之余，告诫人们要学足三余，不要浪费光阴。“余三”意思是三年之耕而余一年之食，九年之耕而余三年之食，教育人们勤俭持家，以备饥荒。“耕读”之意包含其中，尽显文化气息。这些建筑都表现出湖湘文化中的理性精神。

另外湖南历史上纪念著名人物的祠庙建筑也很发达。汨罗的屈子祠纪念屈原，长沙的贾太傅祠纪念贾谊，永州的柳子庙纪念柳宗元，等等。近代湘军人物曾国藩、左宗棠等，后人都在长沙城里建有规模很大的祠庙，纪念他们。这些祠庙都建成了规模宏大的园林。

湖南民间老百姓祭祖宗的家庙祠堂也特别多，今天在邵阳洞口、郴州汝城等地方仍然保留着大量的家庙祠堂，而且各有特点。说明湖南这地方传统礼教深入人心，有着强大的社会基础。近代湘军之所以成为一支强大的军事力量，与此有着密切的关系。甚至于近代史上湖南人才群体辈出的历史现象也与此有关。

湘阴文庙牌坊

湘阴文庙大成殿

宁远文庙大成殿龙柱

宁远文庙大成殿

三、近代新文化时期

湖南近代之初，以保守、落后甚至顽固而著称。长沙被称为“铁门之城”，坚决拒绝一切外来文明，外国人的船只到了湘江边上，老百姓站在岸上扔石头，不准他们上岸。主张向外国学习的知识分子被骂为“汉奸”。中国第一个外交家，清朝政府驻英法公使郭嵩焘就被骂为汉奸。他告老还乡，船到了长沙岸边也是不准他上岸。最后只得沿湘江回到自己老家湘阴，郁郁而终。湖南人的保守来源于根深蒂固的传统文化熏陶，他们具有极其强烈的卫道精神，认为自己是传统文化的忠实守护者。湘军出征打太平天国就是出于这样一种精神。

但是另一方面，中国近代史上最早的一批先进人物又是出在湖南。第一个开眼看世界，写出《海国图志》的魏源；第一个提出搞洋务，学习外国开矿办厂造枪炮，组织幼童出国留学的曾国藩；第一个外交家，清朝政府驻英法公使郭嵩焘……一九〇四年长沙开埠，主动对外开放，随之各种先进的西方文化大举进入湖南。大到政治的变革和革命思想，小到一般物质文化生活，包括建筑艺术风格，都大胆开放，主动学习西方。从最落后保守，到最先进开放，都是湖南人。从其根源上看，都是湖湘文化熏陶的结果。蔡元培先生在《论湖南的人才》一文中说：“湖南人性质沉毅，守旧时固然守得很凶，趋新时也趋得很急。遇事能负责任……”所谓“能负责任”，就是湖湘文化中的担当精神。

湖南开放以后，在政治上和文化思想上主动学习西方，批判旧制度和旧文化，推动革命。在建筑上的集中体现就是大量西式建筑的出现。从政府办公楼到教育、医疗、商业、工业、住宅等，各类建筑普遍采用了西洋建筑的形式。例如湖南教育会（办公建筑）、国货陈列馆（商业建筑）、裕湘纱厂（工业建筑）、湖南大学二院等都是清一色西洋建筑。在今天的长沙城内还保存有一定数量的公馆住宅，外观也基本上都是洋式的。

所谓公馆都是过去上流社会的人们的住宅，有政府要员、军队将领、大实业家等。这都是社会精英，他们的住宅都是洋式的，说明整个社会思想潮流的倾向。在建筑上有一点值得注意的是：这些名人公馆在外观造型上是西洋式的，但是在平面布局上又是中国式的。即正中间进门是堂屋，堂屋正中是供祖宗神龛的地方，两旁和后面才是居住的房间。这种布局方式显然是中国式的，因为西方人是不供祖宗的，西式住宅中没有堂屋空间。这又说明在学习外来文化和新文化的同时，中国传统文化仍然保持着顽强的生命力。

“建筑是石头的史书”，湖南现存各时代的建筑和出土文物清楚地体现了各时代不同的文化艺术特征，它们向我们展现了湖南地区各不同历史时代文化思想的演变过程。

（作者系湖南大学建筑与规划学院教授、博导，央视《百家讲坛》知名主讲人，湖南长沙人）

湖湘古桥的文化内涵

李哲

潇湘洙泗，水泽湖南。湘资沅澧绕行衡岳、武陵、雪峰诸脉。鸿蒙未开，山水壅塞，湖湘先民垒石为墩，架木为桥。湖南桥梁的营建历史悠久，主要有磴步、浮桥、石拱桥、石平桥、廊桥等类型，这些古桥展现了鲜明的地域特征，体现了高超的营建技艺，也彰显了独特的湖湘文化。古桥作为历史事件的“见证者”和日常活动的公共场所，已然成为人们心中的文化标志。

一、源远流长，技艺高超

湖南境内有文字可考的最早修筑的桥梁，是东汉建武二十五年（四九）伏波将军马援征讨武陵五溪蛮时修建的桃源利兵桥。湖南现存最古老的桥梁是位于湘鄂古驿道上的澧县花瓦桥，系石拱桥，为唐贞观初年（六二九—六三二）名将尉迟敬德出任襄州都督期间监造。千百年来，湖湘古桥从垒石为磴到甃石为脚再到覆以连屋，充分体现了湖湘工匠的高超技艺。

磴步是我国最古老的桥梁形式之一。磴步一般架设在河床平坦、水流较缓且水位不高的河段，行人踏磴而过，俗称“磴步桥”。湘南地区称“步磴”，湘西地区则称“跳岩”。凤凰古城北门外沱江河道中的跳岩就是这种原始的桥型，始建于清康熙四十三年（一七〇四）。长约一百米，由六十多对石磴组成，跳岩在河道一侧留有约六米宽的船行通道，平常搭铺木板以过行人。

造舟为梁是湖湘浮桥的主要形式。古代永州八景之一“霞客浮渡”原名平政桥，元代为铁索链浮桥，明万历重建，用二十八只木船排列成行，两船间架杉木为梁，上铺木板，再以铁链将船梁串联。《永州府志》卷三记载：“元时造舟为梁，取君子平政之义，以为名。后废，乃设舟以渡，明万历十九年辛卯五月，复架浮桥，有记，勒于城门之左，火毁，而记不存。”

湖南最常见的古桥是石桥，有平桥、拱桥等形式。位于澧县城关东门外横跨澧水的多安桥，始建于清乾隆五十一年（一七八六），后水圮，嘉庆二十五年（一八二〇）重修为石拱桥，道光元年（一八二一）仲夏

澧县花瓦桥

竣工。多安桥为十一孔连拱石桥，桥长 198 米，宽 8.7 米，高 8.4 米，拱圈厚 0.3 米。拱桥石墩砌成舟形，并从下往上呈台阶内收，形成梯形尖状。据清道光《直隶澧州志》卷二中的描绘，原桥中央还建有建亭阁。一九三二年，修建澧县至津市公路时，拆除桥亭改建为公路桥。

廊桥是桥梁和建筑巧妙结合的一种形式，在安化、通道等地分布较多。也被称作“风雨桥”“花桥”“亭桥”等。湖南地区降雨丰沛，廊桥既可为远路之人遮风避雨，又可以供应茶水让人歇息小憩。同时，桥梁上的廊屋还能加重桥身，增强桥墩抵抗洪水冲击的能力。

因地制宜和就地取材是湖湘工匠建桥智慧的两大特点。

千百年来，工匠们根据地形和水文条件选择适宜的形式、材料和工艺营建桥梁。明嘉靖《湖广图经志书》卷二十中《重建柳溪桥记》提到原木桥多次被洪水冲垮，因为“柳溪虽小，其源甚长，使骤雨一霄，洪水立至”，于是改木桥为石桥，中间分设三拱，使得洪泛时水流可从拱中通过，避免其水圮。清同治《醴陵县志》卷十一中《渌江桥记》记载，原木桥也因洪水多次损毁，后来建桥则“垒石崇址，丽水为六，熔铁以固其交，灰石糜稻以合其罅，架木其上，渍以桐液，重累相接，上施横板，面以方甓覆以连屋”。可见工匠将此桥的基础改为石结构，通过铁链加固，而桥身与连屋则为木结构。清光绪《会同县志》卷十二中《建步云桥记》记载，其建桥之初找不到合适的石材，因为“会之山率赭石，厥质复脆而不坚”。之后通过勘察才发现“清溪坪巉严尺许掘之”能找到用于修建此桥的石料。

二、历史记忆，忠义明强

湖湘古桥不仅跨越空间，还跨越着时间，是历史的见证者。乾道三年（一一六七）九月初，朱熹前往潭州（今长沙）拜访张栻，讲学论道，诗文唱酬，游山泛舟，往来于州城与岳麓之间，盘桓两月之久，这就是理学史上著名的“朱张会讲”。十一月，朱熹、张栻与友人同游南岳衡

方志中的多安桥

如今的多安桥

山，其中马迹桥作为登山的起点，见证了这一文化盛事。几人于桥上对诗三首，往后七日，行程二百余里，互相唱和，共作诗一百四十九首，结集成《南岳倡酬集》。

湖湘古桥见证了湘人的忠义精神。清乾隆《祁阳县志》卷六记载了一座“大忠桥”。其桥名是为纪念南明将领姚大复与其子的忠勇之举：“大忠桥，在县南六十里。顺治六年己丑八月，明检讨姚大复子兵部司务姚守郭殉节于此。姚字伟子，长沙名宿，父子忠孝，遇风雨晦暝，常著英灵，桥名大忠，或其先兆也。”安化思贤桥见证了左宗棠报答陶澍知遇之恩的义举。道光年间，两江总督陶澍曾在左宗棠失意时提携过他，在陶澍过世后，左宗棠到陶家私塾任教达八年，照顾其家人，通读陶澍著作。“思贤桥”这三个字就是左宗棠居住在安化陶家时，恰逢此桥竣工，受邀所书。

古桥还见证了湘人顽强拼搏的精神。在没有桥梁的情况下，渡河对古人而言是极其困难的事情，正如古人所感叹：“天下之害，莫甚于水。”面对湍急的河流和春夏的洪水，桥梁常被冲毁，人们只能浮渡或乘舟，但都十分危险。史书中有诸多类如“奔渡争舟，蹴蹋倾覆，徒涉漂溺”“旧架木为桥，以通行者，遇春夏雨骤水泛，辄为漂去，过者病焉”等因渡河而亡，或桥被洪水冲垮的记载。乾隆《直隶澧州志》卷二十六中《建涔河桥记》提道：“乾隆元年，州牧单君含以为烦……而工未兴。七年，王君邦鼐始领帑

安化思贤桥

承建……地势复不相宜，工甫竣而圮……皆漠置未举。十年，王君作宾履任……工未兴而复他调。至十一年秋，余以同知府事借补澧州……更无尺地荡漾余波。”可见因官员调动或地势水文等各种原因，涔河桥历时十一年未建成，直到新的知州上任，带领邑人进行艰苦卓绝的建设，才在乾隆十四年完工。醴陵渌江桥更是有八百多年的修桥史。因渌水“其河深而广，水流湍激，迅若张弩”，从南宋到清代，渌江桥反复被洪水毁掉而又多次重建。清代邑人丁宗懋（一七六八）就在桥记中慨叹说：“屡成屡圮，卒无持久术，则斯桥之累邑人久矣！”屡毁屡建，屡圮屡修，正是一代代湘人顽强不屈的精神才造就了一座座湖湘古桥。

三、地域特色，翰墨留香

《周易》云："观乎天文，以察时变；观乎人文，以化成天下。"正是千万民众的日常生活构成了湘湖文化。从生老病死到婚丧嫁娶，从出行交通到民俗活动，桥与人们的日常生活息息相关，成为了地域文化的有形载体。

廊桥是湖湘古桥中常见的一种形式。明嘉靖《湖广图经志书》卷二十中《重建廉政桥记》："……乃以石为址，以木为梁，而屋其上，以居商旅。"《渡春桥记》："……然后栈木皮板，为桥五间，上覆以屋，连二十间。人从屋间行，履平地望之。"《双江桥记》："自新亦慨然承意，捐资鸠工，辇载木石甃砌坚固，复为屋七间桥上，以备行者之休息。"清乾隆《直隶澧州志》卷二十二中《畬市桥记》："……其面延袤二十五丈有奇，上为屋二十六楹，中建阁四楹，以奉镇水之神。"可见廊桥除了交通功能外，其连屋还有供行人歇息、促进商贸往来、供奉神灵的祭祀功能。廊桥的祭祀功能一般位于桥亭中，如溆浦的万寿桥，其桥亭中就供奉着水神杨泗将军。传说杨泗将军是南宋洞庭湖区农民起义的领袖和敢于斩杀孽龙的勇士，所以被当作廊桥的保护神。湘西少数民族地区的廊桥中，通常供奉着傩公傩母、水神娘娘等当地民众信奉的神像。

湖湘古桥还承载着丰富多彩的民俗活动。湖南侗族风雨桥在竣工后要举办“踩桥”仪式，祭师先是在桥上祭拜神灵，并在桥中间铺上一匹紫红色的侗布或侗锦，之后由一位德高望重的老者带领众人踩在布上，穿过廊桥，颂唱吉祥的话语，并把钱币撒在桥面上。大型踩桥仪式的参与者能达数万人之多。“合拢宴”是侗族举办的最为隆重的待客礼俗，因为客人众多，难以到各户去就餐，各家就拆下门板，拼成长条桌摆在风雨桥上。主客混合对坐，且歌且饮，数百人同时开宴。二〇〇九年于怀化举办的侗家合拢宴被称为“天下第一合拢宴”，参与者有近十万人。

湖湘古桥的形制与装饰艺术也极具地域特色，如通道县的侗族风雨桥。其廊屋多为五架梁，穿斗结构。廊屋中部及两端设重檐亭阁三至五个，亭阁重檐少则三五层，多至七层，有四角、六角、八角攒尖或歇山顶。脊饰花、草、鱼或飞禽走兽。顶饰覆钵、宝瓶及随风转动并迎风而鸣的铜鸟、白鹤。封檐也有图案装饰。湖湘古桥的桥身上也经常有极具地域特色的装饰，如东安斩龙桥上刻有手握利剑的斩龙王像，岳阳三眼桥、宁乡惠同廊桥的桥墩上刻有蜈蚣浮雕，都是镇水避邪的寓意。

泸溪县的芭蕉坪接龙桥，是一座位于苗族村寨中的风雨桥。但接龙桥与其他风雨桥有所不同，其左右两端各有一吊脚楼横跨于石阶之上，由廊道相接。廊道正中建有八角攒尖采光顶。其整体构图稳重而轻盈，亭台楼阁和采光顶的设置更使廊桥内部的光影和空间丰富多变。

桥梁也是历代文人钟情吟咏的对象，他们通过文学赋予桥生命与灵魂，为湖湘文化增添了诸多色彩。北宋时期，柳拱辰请求致仕，回到家乡武陵（今湖南常德）城西白马湖畔，修建了一座归老桥。他将其退隐的家园绘成一幅画，附上一封信寄给了好友曾巩。曾巩写下了《归老桥记》描绘其“息有乔木之繁荫，藉有丰草之幽香。登山而凌云，览天地之奇变；弄泉而乘月，遗氛埃之溷浊”的美景，并以“今柳侯年六十，齿发未衰，方为天子致其材力，以惠泽元元之时，虽欲遗章绶之荣，从湖山之乐，余知未能遂其好也。然其志于退也如此，闻其风者亦可以兴起矣……”赞美好友的豁达胸怀与高风亮节。后来，柳拱辰的儿子柳平将老屋改建成“天真堂”，增修了“康乐楼”，苏轼为此写下了《寄题武陵柳氏所居二首》。

北宋文学家、书法家黄庭坚在游衡山祝融峰时写下“万丈融峰插紫霄，路当穷处架仙桥。上观碧落星辰近，下视红尘世界遥”，南宋理学家朱熹也在游衡山时于马迹桥上作诗“下马驱车过野桥，桥西一路上云霄。我来自有平生志，不用移文远见招”，以表达内心之理想。与朱熹同行的张栻即兴应和：“便请行从马迹桥，何必乘鹤造丛霄。殷勤底事登临去，不为山僧苦见招。”朱熹弟子林用中也和诗一首：“此日驱车马迹桥，远从师友步青霄。登临不用还歧

接龙桥全貌（左）与内部结构（右）

想，为爱山翁喜见招。”元李怀远在郴州苏仙桥建成时写下“往来病涉五年余，重作津梁敞旧模。众羡空中行复道，人从云表步亨衢。虹垂碧落新呈彩，龙见清波欲戏珠。苏岭郴江添胜概，丹青堪入画图无？”以表达新桥落成时的欣喜之情。

今人不见古时月，今月曾经照古人。千年以降，湖湘古桥跨越了时间和空间，连接着历史与未来，见证了忠义和顽强，凝聚着匠心与翰墨。一座座古桥是技术与艺术交融的结晶，是湖湘文化重要的载体。

（作者系中南大学建筑与艺术学院教授、博士生导师，湖北天门人）

悠然见蓝山

谢 湜

癸卯盛夏，中山大学人文高等研究院田野工作坊在南岭举行。本次工作坊以“边界”为主题，考察路线大致绕九疑山一圈，我们同参加工作坊的学者和同事们从广州驱车北上，由粤北连州入湘，自江华码市镇，循大桥河，过蓝山大桥镇，沿舜水河北行，经军屯村，至宁溪所城。翌日访塔下寺，复入汇源瑶族乡，行九疑东麓，抵宁远境，谒舜陵……阔别数年，重回南岭，再访蓝山，一种略带生疏的兴奋感，令我十分欣喜。

学者们得知这部文献汇编即将出版，都纷纷表示期待，无形中催促着我将这篇拖沓已久的前言尽快写出来。

这部文献初编所收录的碑铭和志书，来源于我同吴滔、于薇两位老师的田野实践教学。自二〇一二年春，我们在蓝山开展了多次实地调查，最早的考察点是蓝山老县城和宁溪所城。位于城东回龙山的塔下寺，是湖南省内塔寺并存的孤例，峭塔凌云，古刹传芳。初到塔下寺时，院内碑刻散落各处，珍贵的晚明碑刻僵卧于西廊仓库地上，沾上厚厚的油污。传芳塔上杂草丛生，嵌于塔门左侧的顺治十六年新塑普陀山碑斑驳断裂，落满烛泪。萧萧落落之景，我至今记忆犹深。

师生们抱着抢救性发掘的责任感，对碑刻进行记录、测量、清扫、拍摄、辨认和抄录，又遍寻四周，不放过每一片草地和墙角，把能找到的残碑都搜集起来，按工作流程处理。几年过去了，塔下寺的整饬工作渐次推进，令人欣慰。如今，塔下寺完成修复，现存碑刻也已稳当地嵌入碑廊。未见于碑廊、可能散佚的碑刻，也得以保存在我们这部文献汇编中，亦是万幸。

塔下寺碑刻多为晚明至清前中期的捐款碑，大部分碑文的记事部分都比较简略，部分碑文只有题名，这种情况其实也较为常见。然而，看似没有“故事”的碑文，同样蕴藏着丰富的信息。大量的地名、人名、族名、官名、寺观及地方会社的名号，各式各样，耐人寻味。

一方石碑，就是一个时空剖面。塔下寺碑文在诸多题名上方，常常刻有生员、会首、廪生、义官、寿官、族老、户老、神老、耆老、训导、府吏、盐大使、省祭、千户、瑶官等标识，这些丰富多样的身份标签，或标榜城内大族，或彰显科举功名，或表明乡村权势，或暗示汉瑶关系，若进一步比对具体人名、族名，结合其他文献，或可为我们揭开更多历史隐情。

在塔下寺几方僧尼捐款碑中，僧尼的法号之上还特别标注了朱冈仙德观、慧日寺、方广寺、粤东连州法眼派、兴福山、阳明山、连州星子、道州比丘、四仙寺等地名、寺观名及派别名。从形式上看，这类碑铭大多专述佛门之事，似乎与地方历史关系不大，其实不然。通过寺庙及僧尼的地理分布，我们可以突破县域视角，深入探寻人群迁移及其日常联系，从而体会山区社会的流动性。

在蓝山的历史田野考察中，我们尝试将历史地理学和历史人类学的研究路径融合起来，从制度的多重考察追寻人群的足迹，从跨越边界的社会空间探寻研究的主题。正因如此，在校对这部文献初编之时，我始终孜孜不倦地辨认碑刻中那些模糊不清的题名。记得在疫情期间的许许多多个深夜，我总是在努力校对着那一个个名字。有时成功地从碑刻相片中多认出一个姓名，或姓名中的一个字，看到此前标识为佚文的方框一个个被辨识出来，我总会心生欢喜，因为历史上的那位普通人，将由于我们的编纂工作而被后人所知晓。

随着实地考察的深入，我们对蓝山县境的东北、西北、南部三个片区及其与毗邻县份的地缘关系和文化联系也有了新的探索角度。在东北部土市、楠市一带，我们看到了平原地区大村落的构建与族姓的兴替；在西北部的祠堂圩、蓝屏乡等地，联结东西向交通线的活跃的市场聚落，以及由于寄庄田土导致的赋役纠纷和村落联盟，吸引了我们的注意。在这次整理过程中，我们也有意按照这个分区地点编排这些碑刻，以备今后研究之需。

地方文献的收集和整理过程，实际上也是考察者对地方历史的认识深化过程。我相信，随着认识的深化和视野的拓展，那些平平无奇的碑文叙述，断碣残碑的片言只语，或许都将成为破解历史谜团的密钥，引导我们的思考不断走向深入。

在这里，我想简要介绍一下我们对蓝山南部村落的考察情况和一些初步理解。

人群的跨区域流动是山地社会的常态。当国家制度嵌入山地社会并发生转型之后，山地间的土地就成为需要控制的重要资源。在王朝体制之下，对土地的控制依赖于户籍身份，而户籍身份的获得，意味着土地权利和拓殖的合法化，这就催化了山地社会的再结构化过程。这一过程并非国家制度变迁造成地方社会响应的简单逻辑，而是国家内在于社会、国家制度和意识形态在地方社会呈现的双向关系，其间的身份建构和族群互动，成为影响山地乡村聚落格局重构的重要机制。

明清两朝在南岭山地实行的军事驻防体制，以及相关的赋役户籍改革，深刻地影响了南岭地区的社会结构和聚居方式。在宁溪所城的考察中，我们邂逅了明代卫所军户制度相关的地方文献，资料搜集的过程与田野调查的推进相得益彰。从所城的阮氏宗祠和镇政府大院的碑刻，我第一次得知“九所八户”的存在。通过当地乡亲的讲述和引导，我又梦幻般地在大河边村古先生家访得《宁溪所志》，这部被“九所八户”的后人们称作“共同的族谱”。由此，我对明清卫所制度的转变与军屯的“民田”化、军屯组织的更新和传承、军屯聚落的拓展及汉瑶关系的变迁等问题产生了兴趣，并撰写了专论文章，尝试突破以卫所改制简单分析明清两朝变化的框架，将卫所军屯的制度原型，化约为人群、身份、资源、制度之间的各组关系及其转变的可能性，更好地将文本、记忆与人居格局放入历史序列中去考察和重构。

在整理和研究《宁溪所志》的过程中，我们将蓝山考察模式从点状的考察，拓展为“拉网式”调查。沿着舜水河谷往南至大桥河，我们对蓝山南部沿着各条小支流呈鱼骨状排列的村落进行了尽可能全面的考察。这些南部村落很少有碑刻文献保留下来，历史上是否早已如此，我们还不得而知，在大部分村落中，能够保存下来的谱牒文献也是凤毛麟角。

我不敢肯定这种碑刻文献的缺省，是否本身就意味着某种社会特质。在调查中，我常常对那些寻碑未得、访谱未果而略带失望的学生们说，历史田野调查需要具备融通辩证的视野，在一些村落考察中，没有文献的情况，本身也是一种“文献”。

后来，我逐渐关注九所八户的土地扩张和聚落扩张过程，并从中考察九所八户系统之外的人群，尤其是军屯占有者与瑶人的关系。我们既展开小流域村落普查，尝试建立专题历史地理信息系统（HGIS），同时又将聚落分析的某些判断，重新回归村落考察和文献解读中去检验。通过GIS分析，我看到九所八户的土地扩张直接导致了瑶人土地和村落向深山“退缩”，形成后来的山地族群空间布局。要解释这样的布局，我们需要从大处结合时代局势，也需要细部分析地方情态。

在清初的战事演进、帝国逐步建立地方统治的时代情境下，地方政府与基层社会达成默契，拥有军屯的军户将身份变成民户，其占垦的土地变成民户的土地，田产所有者保持自己的资源优势，政府也稳定了地方统治。达成这一默契之后，南岭山区的社会才在明清之际实现了人群和秩序的延续。

在南岭山地，各类人群的居住分布、定居形态以及身份认同往往是变动不居的。卫所军屯的转型及其土地拓展趋势，一方面造成社会的重组，一方面造成人群和聚落关系的改变。以汉人为主建立的合同户，不只是简单的户籍单位，更是稳定的社会组织。他们的土地拓殖活动直接导致了瑶人的村落和土地向更高海拔的山地集中，形成今天的族群聚落景观。此外，在调查中访得的各姓氏迁居的故事又提示我，南岭山地的各个地方从来都不是凝固的空间，然而，日常的社会交往和市场交易必定造成错杂而居的格局。九所八户缔造了稳定的社会组织，在产业拓展的过程中又吸纳了其他的姓氏群体，从而在蓝山南部逐渐拓展的一些村落之间形成了某种程度上的依附关系。

通过历史地理学和历史人类学的融合考察，我们将田野与文献联结起来，用族谱、契约、碑刻等地方文书重新发现并理解更深远的国家历史。

对我而言，编纂这样一部地方文献，并不以“求全”为目标，也不必有所保留，而是希望将我们有限的田野收获及时呈现给更多的学者和读者，便于大家共同去寻找丰富的历史面相，探索未知的学术问题。

三年来，我断断续续地编纂、校对这部文献汇编。每当人静神定之时，抚拭着碑刻图像，总是心生渴望，回忆起同于薇带着学生们在蓝山开展田野实践教学的日子。“山岭重叠，荟蔚苍翠，浮空如蓝”，唐人以此将县名改为蓝山。若非身临其境，蓝山之蓝或许还不易亲近。

在那些岁月里，我们常常在蓝山的苍穹下，徜徉于舜水河谷，仰望黄昏之夕月，邂逅山村之炊烟。完成一天调研，收工上车之时，我们时常仰望夜幕降临前天空那一抹澄澈的深蓝，渐渐地，夜空镶嵌上皓月稀星，正是这一番静谧的美景，陪伴我们在车上享受凉爽舒适的小憩，将一天的疲惫一扫而空。晚饭后，大家又神清气爽地投入晚上的研讨了。

地方文献作为一种资料对于研究地方社会的意义，自不待言。然而，地方文献作为一种记忆对于当地百姓的意义，还需要我们在历史田野调查中更多地去感知。我永远不会忘记一次夜幕下的考察，我和于薇、张爱萍晚上九点驱车前往大河边村再度拜访古先生，他含着泪光跟我们讲述他在保存《宁溪所志》中所受的委屈。一开始，他对我们的突然来访很抗拒。那时，我意识到文献的搜集本身不重要了，我们需要倾听他的苦衷。缄默了许久，他终于开口，慢慢讲述家庭和经济状况，我们也不时给予宽慰和鼓励。家事难断，生活不易，我们终究帮不上什么忙。然而，这一番深切交流，显然令古先生如释重负，他起身给我们冲了三杯甘甜可口的蜂蜜水，并再度拿出《宁溪所志》让我们查漏补缺。结束访谈后，古先生打着手电筒亲自送我们下山。当车尾灯逐渐离开大河边村之时，夜间奔流的山溪水在村口的桥下涌动，发出强有力的声响，我们又看到了夜幕中那一抹静谧的深蓝。那一刻，我强烈地意识到，一部地方文献，有时可以将历史和现实、将人与人紧紧地连在一起。

悠然见蓝山。

（作者系中山大学副校长、历史学系教授、博导，广东澄海人，此文系《蓝山地方文献初编》序言）

惟余白首谈天宝 合著黄金铸子昂

陈书良

一

酷暑八月，我随长沙时务学堂研究会一行赴江西修水，拜谒了义宁陈氏故居。在群山环抱之中，四觉草堂和义学里屋舍依旧，当年见证陈宝箴、陈三立父子获取功名的举人石与进士墩依然静卧芊芊草坪之中。咸丰初年，太平军入赣，陈宝箴投笔从戎，随父亲办团练，之后因军功而不断擢升。光绪二十一年，获升湖南巡抚。陈宝箴系清末地方督抚中唯一倾向维新变法的实权派人物，在湖南巡抚任内与按察使黄遵宪、学政江标等推行新政，开办时务学堂，设矿务、轮船、电报及制造公司，刊行《湘学报》，使湖南迅速成为“谈新政者，辄以湘为首倡，治称天下最”的省份。(吴宗慈《陈三立传略》) 义宁陈氏也成为了闻名中国近代史的文化世家。

我盘桓修水陈氏故居，领略廊柱之间萦绕的高雅之气，临别书联曰：惟余白首谈天宝，合著黄金铸子昂。上联是从元稹“白头宫女在，闲坐说玄宗”化出，“白首”当然是自指。“天宝”当然是借指百日维新那场改革。下联用元好问《论诗绝句》成句。是的，湖南人应该还欠陈宝箴一座雕像。

然而，我在修水故居的徘徊沉吟，似乎又不尽于此。

二

咸同间的洪杨之役，对于湖南人而言，是一个造就人才的机会。我的父系、母系的先人都是湘军将领。其中，我的五世祖陈士杰官居山东巡抚，光绪十二年（一八八六）因病辞职，与陈宝箴没有交集。我母亲的曾祖父刘长佑虽高居直隶总督、云贵总督，但卒于一八八七年，与发达稍晚的陈宝箴亦无交集。于史有据的倒是我母亲的堂祖父刘坤一直接支持过陈宝箴在长沙的改革。

一八九五年陈宝箴任湘抚推行新政时，刘坤一任两江总督兼南洋通商大臣。人所共知，两江赋税支撑着晚清王朝的一半开支，而南洋通商大臣一职则节制东南诸省的经济。刘坤一当然是权倾朝野的大员。陈宝箴要创办时务学堂，首先要解决的是办学经费的问题。开始，开明绅士熊希龄与蒋德钧都认为个人捐助是办法之一，其时有前湖北布政使、衡阳王之春踊跃捐银二千两，熊、蒋也以身作则，与人合捐共二千两，但以后竟无响应，而这些钱对于时务学堂所需巨额经费来说，当然相差悬殊。据《戊戌变法档案史料》载，张祖同透露湘省督销局有未收的盐厘一项，有银一万四千余两。陈宝箴大为欣喜。因湘省督销局属两江总督管辖，动用此款，尚须刘坤一批准。因此蒋德钧携带有王先谦、熊希龄、黄自元、蒋德钧等一干绅士合署的禀稿，赴南京谒见刘坤一。刘坤一对湖南创设时务学堂之举深表赞同，愿意扶植，在禀稿上批复："阅牍，具见振兴实学，培植人材，曷胜佩慰。"但又考虑到"江南拮据异常，亦不能不资分润"，于是批准每年拨给湖南时务学堂盐厘七千两。有了刘坤一同意拨给的这笔银两，算是解决了时务学堂创办经费的大问题。

我想，刘坤一对于时务学堂的乐助其成，从另一方面也反映清季官场"清流"（后来，陈寅恪在记叙家世时此词常常出现）的彼此理解，施以援手，亦应视为新宁刘家与义宁陈氏交好的开始。

三

进入民元以后，刘、陈两个家族交往增多，传为佳话的是陈寅恪与刘永济的相濡以沫。

刘永济（一八八七——一九六六年），湖南新宁人，字弘度，别号诵帚，是笔者的外伯祖父。刘的祖父刘长佑曾任清朝云贵总督、直隶总督等职，所以刘与寅恪先生一样，都是“世家子弟”。刘永济曾任东北大学、武汉大学、湖南大学教授，武汉大学文学院长、代校长，著作甚丰，建国后评为一级教授，“文化大革命”中受到迫害，含冤辞世。一九三一年“九一八”事变后，刘先生从沈阳到北京，陈先生偕同游览北海天王堂，这在陈先生生平是极为罕见的。陈曾作七律一首纪游，后四句说：

空文自古无长策，大患吾今有此身。欲著辨亡还阁笔，众生颠倒向谁陈？

在民族灾难深重的年代，两个知识分子苦无长策。抗战时期，刘永济在乐山讲学，听说香港陷落而陈寅恪先生逃脱，将取道桂黔入蜀，即赋《喜迁莺》词劝其来乐山，中有“知否？人正在，野水荒湾，灯底相思苦”，体现了两人深厚的友谊。一九三九年，陈先生拟往英国医治眼疾，这时接到刘先生的赠诗，有“万里乾坤”“百年身世”之句，陈先生非常感动，赋一律答之：

得读新诗已泪零，不须藉卉对新亭。路人苦信乌头白，野老惊回柳眼青。万里乾坤孤注尽，百年身世短炊醒。入山浮海俱非计，悔恨平生识一丁。

这是一首感时寓事之作，无疑，“百年身世”一句寄托了家族兴衰之慨。一九四七年，陈先生任教清华大学，作《丁亥除夕作》诗抄寄刘先生：

杀人盈野复盈城，谁挽天河洗甲兵。至德收京回纥马，宣和浮海女真盟。兴亡总入连宵梦，衰废难胜饯岁觥。五十八年流涕尽，可能留命见升平。

战乱连年，而自己又病痛缠身，在这样的环境和心境下，除夕徒增伤感而已。刘先生读后，作《鹧鸪天》一首劝慰：

绝倒驴鞍那可期，拂簪盥眼定何时。重衾夜夜江山梦，老去龟堂未断痴。　红烛泪，替谁垂，更长吟坐独成悲。残梅乱雪纷纷里，已觉春光冉冉非。

第一句用赵太祖定天下，华山陈抟从驴背喜跌事，说明太平难期；第二句用后汉任永、冯信二人在乱世以目盲避隐，而时世清平则皆盥洗目明事，切合陈先生的眼疾。两位老友互相安慰是很动人的，也是很令人心酸的。

一九六一年，陈先生在中山大学、刘先生在武汉大学，而他们的另一位好友吴宓（雨僧）教授则在重庆西南师范学院。他们都看到了新中国的欣欣向荣，也经历了多次政治运动的磨炼。当时政治空气相对宽松，吴宓决定利用暑假专程到广州看望老友。对于吴宓此行，陈先生非常重视，从行程到生活，都作了仔细考虑和周到安排，于八月八日写信给吴宓和刘永济。给刘的信如下：

弘度兄左右：

久未笺候，甚歉。数月前闻唐长孺君言，兄近日不下楼，岂行走不便耶？念念。前日接吴雨僧兄函云，日内先到汉访兄，再来广州。请转告雨兄，在汉上火车前二三日用电报（因郊区电报甚慢）告知何日何时乘第几次车到穗。当命次女小彭（或〔其〕他友人）以小汽车往东站（即广九站）迎接。因中大即岭南旧址，远在郊外，颇为不便。到校可住中大招待所，用膳可在本校高级膳堂。小女在成都时年十余岁，雨兄现在恐难辨认，故请在出站闸门处稍候，至要。专此敬请

暑安

弟寅恪拜启

六一年八月八日

雨僧兄均此。来电请写“广州中山大学东南区一号二楼陈寅恪”，以免延误。

这两封信（陈寅恪致吴宓书不录出），被人“寄赠”给耶鲁大学历史系余英时先生，余又将它“转赠”给美国普林斯顿大学的葛思特东方图书馆，直到一九八七年才在香港《明报》披露，令人扼腕！令人怅然！一九六一年八月

二十五日下午，吴宓乘轮抵汉口江汉码头，刘永济派长婿皮公亮迎接。吴在刘家小住四天，“互述改造、工作、生活之大概，并及若干熟人之遭遇及变迁”（一九六一年八月二十五日《雨僧日记》）。

吴宓到广州后，与陈寅恪“暮年一晤”。这一段“公案”经陆键东《陈寅恪的最后 20 年》的生花妙笔遂被海内外炒得火热。其中热点疑点此处不赘，于此可见陈、刘情谊深厚则是确然无疑的。

四

改革开放以后，姨母刘茂新（刘永济先生之女）与陈流求姐妹（陈寅恪先生之女）函电来往密切，内容多是互通落实政策情况及询问前辈史实。此处不赘。我走上古代文学研究与教学岗位后，倾力汉魏旧籍之余，对陈寅恪先生无限景仰，间亦对其有点滴研究。

我认为萦绕在陈寅恪先生著作中的“旧巢”，所指是湖南长沙。这一观点我应属首倡，曾在《学术研究》上专文论述，后来于鹏远先生等学者发为宏论。我认为，长沙给陈寅恪先生带来了温馨、荣耀，也带来了剧痛和悲思。他与这块土地的因缘是很深的。光绪十六年（一八九〇）旧历五月十七日，陈寅恪先生出生于湖南长沙通泰街周达武宅，传说这里是唐代文士刘蜕的故宅，后为周达武所购，当时是周南女中校舍。陈宝箴于光绪二十一年八月授湖南巡抚，当时陈寅恪六岁，全家遂搬到抚衙居住。陈三立先生为寅恪兄弟请的塾师是湘潭周大烈。据陈师曾《蜗牛舍诗集序》云："吾师周印昆先生论吾父诗为有清诗人之殿，亦旧诗之殿。"湖南省社会科学院图书馆藏有线装铅印本《夕红楼集》二册，注云："湘潭周大烈，字印昆。"可知先生的塾师周大烈也是风雅人物。总之，陈寅恪先生在长沙度过的童年是非常温馨的，祖、父事业有成，塾师学问渊雅，兄弟则有相从相游之乐。民国五年（一九一六）秋，二十七岁的陈寅恪重到长沙，兄隆恪有《长沙将见六弟于旧抚署，计侍先祖去此二十年矣，抚念今昔，怆然感赋》：

风云开济几人存，万古灵标照棘门。落眼层楼温梦寐，攀天双桂拾秋痕。廿年兴废供弹指，往事迷离共断魂。改服康屯知继起，西山葱郁护朝暾。

三、四句下隆恪自注云："东西内院各植桂树一株，大可合抱，童时常与诸弟嬉游其下。"兄弟嬉戏的情景历历如在眼前，当然是"温梦寐"了。

一九四九年新中国成立以前，陈寅恪先生前后四次来长沙。民国五年，先生由京至湘，有《琐窗寒》《破阵子》《浣溪沙》词三阕纪行，载《东方杂志》十三卷第十一号文苑栏，这也是陈先生平生仅见的三首传世词。其中《浣溪沙》有句云："来往江城惆怅客，泪痕和墨教题诗。洞房空想碧螺卮。"句中"江城"当然指长沙，因湘江流贯城西。"惆怅客"当是先生自指，显然"惆怅"与追怀往事有关。陈寅恪先生认为，湖南的维新运动与自己的祖、父关系极深，而湖南的维新人物属于清流。这一点，他不仅在《寒柳堂记梦》的"清季士大夫清流浊流之分野及其兴替"一节中有系统的交代，而且在《读吴其昌撰梁启超传书后》中有精到的论述。既然自己属于清流的祖、父推行的维新运动惨遭失败，致使光绪帝被幽禁、六君子喋血京城，康、梁亡命东瀛，而祖、父也遭革职，并"永不叙用"，那么，对于这段尘封的往事，作为深谙古典的历史学家陈寅恪先生，自然在其诗文中信手拈来一个成语——"元祐党家"。如前引《南海世丈百岁生日献词》：

此日欣能献一尊，百年世局不须论。看天北斗惊新象，记梦东京惜旧痕。元祐党家犹有种，平泉树石已无根。玉谿满贮伤春泪，未肯明流且暗吞。

陈先生这首为康有为百年诞辰作的七律，议论"百年世局"。第四句"东京"亦即北京，"旧痕"应指包括作者祖、父在湖南的维新事业在内的戊戌变法。第五句作者原注"指新会某世交也"，似乎指梁启超的后人而言，我认为，其实也是作者的自况。第六句"已无根"，"根"者，作者在湖南长沙的“旧巢”也。所以最后以玉谿生暗吞伤春泪作结。为证明以上的解释不是臆断，试再举陈先生的名作《王观堂先生挽词》参证：

……鲰生瓠落百无成，敢并时贤较重轻。元祐党家惭陆子，西京群盗怆王生……

其中，也醒目地出现了“元祐党家”。寅恪先生以陆游自比。彼为元祐党人，此则维新党人耳。“以元祐之党家，话贞元之朝士。”这也正是他的夫子自道。

应该说，此次修水的考察，支持了我三十年前的“旧巢”之见。我们在义宁陈氏故居找不到一点陈寅恪先生的印记，他的确未在此地生活过。而存在决定意识。戊戌政变及陈家在政争中的荣衰极大极深地给陈寅恪先生的思想打上了烙印，湖南长沙也就成了他一生的伤心所在、情结所在。我们读陈先生的诗文甚至学术论著，都能感受到字里行间到处跃动着作者的感情与生命。像《柳如是别传》《论再生缘》等学术巨制，全文不仅充满了家国兴亡的感慨，而且随处附见他自己所写的诗篇。这在文史论著（尤其是考证性较强的论著）中是颇为罕见的。

（作者系湖南省文史研究馆馆员，湖南长沙人）

吴头楚尾踏歌行

潘刚强

天高云淡，艳阳高照。登临黄龙山，拐过弯道山口，野风呼啸而来，平石禅寺孤独把守半山腰。山顶云雾缭绕，一条白水飘带从高山峭壁悬挂而下，乱石河床溪流潺潺，穿越青草石涧，活泼乱跳溅起彩色水花，热情豪放地传递汨罗江端午龙舟水应有的奔腾架势。

黄龙山属幕阜山脉，主峰海拔一千五百一十一米，东北属江西修水，西抵湖北通城，南临湖南平江。鼓皮坎的耸天石壁，龙湫池的高山湿地，还有四季泉涌的龙王井，充分证实黄龙山骑龙分水，“一水发三江”：水往南流是汨水，即湖南境内汨罗江；西流为隽水，即湖北境内隽水河；东流为修水，即江西境内的修水。二〇一六年夏天，我成功策划“对话汨罗江”大型水文科考活动，湘赣两地人文、水文专家曾经实地勘察，确定“山连幕阜，水泻洞庭”，指的就是汨水源。

站立黄龙山巅，旧地重游，我与江西修水著名学者戴逢红先生开心一笑。中国·汨罗江国际诗歌艺术周组委会联合《湖南文学》杂志社举办采风活动，来自湖北、江西、湖南等全国各地的诗人、学者，相聚“蓝墨水的上游”，伟大的诗祖诞生成长地、涉江行吟地、灵魂永生地，首次携手全程溯汨水而上，追寻诗歌原乡的骚风楚韵。“溯源汨罗江，一路诗意行”，著名作家王跃文主持授旗，从湘沅汨水与洞庭湖相汇的三江口出发，祭诗河泊潭，享诗八景峒，拜谒平江杜甫墓，顺利抵达修水黄龙山。红旗猎猎，芳草萋萋，大家整齐排列在“汨水源”巨大碑石前，集体高声朗诵黄庭坚诗，描述汨罗江入洞庭湖口的《覆箱峰》：

上天下地似探梯，怪石巉岩衬马蹄。
拟是客程行不得，隔林犹听杜鹃啼。

另一首吟诵便是黄庭坚《自巴陵略平江临湘入通城无日不雨至黄龙奉谒》，恰是今日溯源之旅。

黄庭坚（一〇四五——一一〇五），字鲁直，号山谷道人、涪翁、黔安居士、八桂老人。北宋著名诗人、书法家，江西诗派始祖。黄庭坚出于苏轼门下，后与苏轼齐名，世称苏黄。黄庭坚处于北宋新、旧派别斗争年代，他为人耿直，不囿于党见，豁达大度。宋徽宗崇宁元年（一一〇二）正月，黄庭坚政治生涯似乎出现转机。新年刚过，从荆州出发，南下岳州。他冒雨登临岳阳楼，昔闻洞庭湖，今上岳阳楼，杜甫诗境刹那间波澜起伏涌上心头。从获罪被贬算起，黄庭坚离京流放在外已长达七年之久。这时他既有望重新出任官职，又能就便回乡省亲。黄庭坚登高望远，只见洞庭湖上烟雨满川，君山浮黛，好一派苍茫雄壮的景色。他浮想连翩，自己经历九死一生，终于拨开云雾，等来了重见天日的时光。抑制不住喜悦之情，黄庭坚写下的《雨中登岳阳楼望君山二首》，被后人称为他七绝中的冠军之作：

投荒万死鬓毛斑，生出瞿塘滟滪关。
未到江南先一笑，岳阳楼上对君山。

满川风雨独凭栏，绾结湘娥十二鬟。
可惜不当湖水面，银山堆里看君山。

满怀着归家的期盼，黄庭坚沿着如今湘鄂赣三省边界崎岖曲折的山路，风雨兼程经巴陵、过平江、穿临湘、入通城，然后下江西，回到洪州分宁（今修水）探亲。路过黄龙山，他投宿黄龙寺。当时黄龙寺晦堂祖心已圆寂，塔于慧南之侧。恰雨停天开，在晚晴夕照里，黄庭坚作《烧香颂》拜过慧南、祖心双塔，又邂逅道友戴道纯，款款相谈，感慨万千，临别时黄庭坚作诗《自巴陵略平江、临湘，入通城，无日不雨，至黄龙奉谒清禅师，继而晚晴，邂逅禅客戴道纯款语，作长句呈道纯》呈赠。

山行十日雨沾衣，幕阜峰前对落晖。
野水自添田水满，晴鸠却唤雨鸠归。
灵源大士人天眼，双塔祖师诸佛机。
白发苍颜重到此，问君还是昔人非。

山谷道人黄庭坚，僧号无出，其实是黄龙宗二世祖心禅师的在家得法弟子。“灵源大士”即黄龙灵源惟清禅师，江西武宁人。号惟清，字觉天。初入黄龙山崇恩寺，任黄龙宗二世祖心禅师侍者，人称“清侍者”。得印可，住持灵源寺，自号“灵源叟”。晚归黄龙山，卒葬本寺。黄庭坚诗中“双塔祖师”，在黄龙寺前右方，中间为黄龙宗师慧南禅师灵塔，东为慧南禅师首徒、恩师宝觉祖心禅师宝塔。宋政和七年（一一一七）灵源惟清禅师圆寂，塔于其西，故后称其地为“三塔咀”，并沿用至今。

黄庭坚九谒黄龙寺学禅悟道的漫长岁月里，与同门师兄灵源惟清禅师交往颇深，故事很多，唱和的诗词也很多。值得一提的是，禅客戴道纯亦非等闲之辈，他是黄龙宗三世灵源惟清禅师十八法嗣之一，官至寺丞，人称寺丞道纯居士。他与黄庭坚交往甚厚，故虽说“邂逅”，黄庭坚却手录新诗相赠。

老大回家，阔别重逢，颜苍发白，物是人非。黄庭坚这一趟短短几个月的旅程，虽然风寒雨淫辛苦劳奔，但在他最后的岁月里，这是唯一充满阳光与希望的一段日子。又有谁能料到，黄庭坚这次回乡省亲，竟是与亲人、与故乡作最后的告别。满怀希望赴太平知州，上任只短短九天，他就被免职、除名，最终落得个客死贬所的凄惨结局。

黄庭坚晚年最后的轻逸身影，就这样永远留在黄龙禅寺的钟声和幕阜峰前的落晖里。黄庭坚“山行还乡”故事，成为与汨罗江对话的重要诗篇。

苏轼曾称黄庭坚“瑰伟之文，妙绝当世；孝友之行，追配古人”。对其艺术风格，更誉为“自宋以来，一人而已”。仔细想来，汨罗江流域近千百年来，本土还真无一人敢与黄庭坚媲美。惜乎！就像鲜为人知的诗圣遗阡一样，一代宗师过去并没有正式纳入汨罗江文化。

一路诗意行，我们来到汨罗江的源头，黄庭坚的故乡，将度过一段诗神眷顾、诗意荡漾的美好时光。问道黄龙山，寻梦汨罗源。听雨打风铃，品茶茗书香，黄庭坚纪念馆溪山自在楼，大家放歌论诗，围绕一条江和屈原、杜甫、黄庭坚三大诗人，探讨传统意义下的诗意写作。作家舒文治以中国汨罗江国际诗歌艺术周组委会的主持人开篇。“屈杜传统下的诗意写作”这个主题，听起来很新很大，但我们相聚蓝墨水的上游，汨罗江这条神奇的江，它所安息的伟大的诗魂，它所包含的文化意蕴，它所承载的诗歌湿地，我们作为屈子的传人，一路上大家早有新的思考、新的感悟和诗意的涌流。

“我感觉屈原、杜甫是我的亲戚，黄庭坚就是我的大舅子。这种感觉真的美，它能让你触摸到三个中国顶尖文人的文化基因。”安徽省作协副主席、著名作家胡竹峰说，“我有时候想，如果把身体里关于屈原、杜甫、黄庭坚的影响拿走会怎么样？我想，我们身体里的文化基因会单薄很多，就好像一座山突然被削平了好几丈呢。”

濂溪溯源光北宋，
山谷流韵壮东风。

冒雨踏级登上濂山书院，濂溪、山谷两位先贤庄重的文脉清香扑鼻而来。宋代著名理学家周敦颐初入仕途，便是出任洪州分宁县主簿，他于庆历初年在修江之滨创办书院，这位湖南人从此与修水结下渊源。而黄庭坚与湖南的缘分，更出自他对屈杜的尊崇，他的诗词书论对黄龙幕阜、汨罗湘水以及洞庭青草的杰出贡献，堪称空前绝后。

乙丑越洞庭，丙寅渡青草。
似为神所怜，雪上日杲杲。

我虽贫至骨，犹胜杜陵老。
忆昔上岳阳，一饭从人讨。
行矣勿迟留，蕉林追猲獠。

乙丑为宋神宗元丰八年（一〇八五），黄庭坚以秘书省校书郎召入京师，创作这首《过洞庭青草湖》，正是青春得意之时。杜甫的人品诗艺对黄庭坚影响很大，黄庭坚终身推崇杜甫，首先是敬其忧国爱民的人格。他认为杜甫虽然“流落颠沛，未尝一日不在本朝，故善陈时事，句律精深，超古作者，忠义之气，激发而然”。正是这种志于道、据于德、依于仁、游于艺的道德文风，黄庭坚经磊石山过洞庭、青草湖，首先想到的便是杜甫。“我虽贫至骨，犹胜杜陵老。忆昔上岳阳，一饭从人讨。”从字字有来处的诗句，便知黄庭坚对老病孤舟的杜陵老情感何其深沉。

黄庭坚生前身后的一大批追随者，形成了一个以师友关系为纽带、以相近创作为基础的诗人群体。道学家吕本中（一〇八四——一一四五）《江西诗社宗派图》，尊黄山谷为祖，吕氏宗派列陈师道等二十五人。“江西”之名取黄庭坚与诗派中洪炎等十一人籍贯，“宗派”本为禅宗语，江西是禅宗盛行之地，从此“江西诗派”名扬天下。宋末元初，诗人、诗论家方回（一二二七——一三〇七）认为，江西诗派成员多学杜甫，就把杜甫称为诗派之祖，黄庭坚、陈师道、陈与义三人称为诗派之宗，提出诗派“一祖三宗”之说。明末清初，推尊宋诗的思潮再度蔚然成风，清康熙、乾隆之交宋诗派已届高峰，道光、咸丰年间桐城派异军崛起。湖南人曾国藩大力提倡重振黄庭坚诗风，至同治、光绪年间，形成了一个师承黄庭坚的创作群体——同光诗派。余风一直延续至民国时期，分为闽、浙、赣三支。陈宝箴长子、赣派首领陈三立（一八五三—一九三七），一八九三年发现日本刊印的宋版《黄山谷内外集》，他出巨资耗时七年复印，让孤本重放光芒。作为近代“同光体”诗派的代表人物，陈三立被誉为中国最后一位传统诗人。

七百里修江烟波浩淼，五千年古艾人文深蕴。吴头楚尾的古艾修水，本就是汨罗江流域不可分割的血脉。

（作者系岳阳市作协副主席，湖南平江人）

尊经书院初集序

丁宝桢

尊经书院之设，盖有见于当时之读书者自初入塾时，率皆人执一经，至老而卒，无只字之获解，有志者悯焉。因特立一院，以为攻经之地，俾士之入其中者，顾名思义，朝夕濡染，渐以自耻其鄙陋，而因以悟其荒经蔑古之非，亦“百工居肆，以成其事”之意也。虽然，经岂易言解哉！夫自古圣贤，于身世间动静之为，以至名物象数之细，罔不身习其事，心知其义，灼然有合于道，而又多闻见以阙其疑殆。盖慎之至慎，始著为语言文字，以传后而行远，诚所谓“百世以俟圣人而不惑”者矣。自秦火后，典策散失，先圣之心传亦与俱烬。汉世大儒辈出，远承坠绪，迄不可得，不能不于断简零编中循章栉句，以求古圣精义于微茫渺忽之间。然用心太深，亦间有偏驳不醇之憾。甚矣，

《尊经书院初集序》书影

其难也。自后世解经者日众，类多不顾其义理之安，而惟章句之新奇是务。驯至穿凿附会，破碎决裂，几使先圣载道之文至于不可通晓。议者因是反以汉儒章句之学为病，此岂其情也哉！忆余尝至书院课士，必进诸生而语之曰：生等解经，贵求心得，必得于心而后能有合于古，有合于古而后能有益于身。今观所刻，中有院长壬秋先生所作《释蒙》《退食自公》等篇，解说精当，言皆有物，与余所言贵求心得之论适相符合。又观其自记曰：今愿与诸生先通文理，然后说经，理通而经通。旨哉斯言！诚后世说经者不易之准绳矣。盖汉儒借章句以求古圣之义理，义理明而章句之学愈显，后人背义理以求显著之章句，义理病而章句之病益深。吾尝怪夫今世之解经者如行路然，日履康庄而故欲辟荆榛以自矜为坦途也，岂不谬哉！刻书成，诸生问弁言于余，因是以为之序。光绪十一年春三月，平远丁宝桢书。

（此文辑自《尊经书院初集》，光绪十一年刻本）

舟园记

王闿运

雨湖堤西有平冈小山，传云陶桓公故府所居。其东有周氏园，花佣守之，亦或垦艺为菜圃。廿年前，欧阳价人君得之，始建亭馆，益树花果，为别墅，题曰“舟园”。余至县城，频频过之。君既好客，交游多列县豪杰，侠而喜儒，文人多与游，数十年来名湘南。

欧阳氏，故豪族也。道光初，有与曾相侯同举者，晚自号匏叟。家中资，兼爱好奇。县中文学贫士、守道固穷者，无所干诣，独肯从匏叟游。远方名士，过湘潭无所主，辄主匏叟。以此散其财，益自喜。匏叟东游，而价人继之。其坦直任侠略同，而条理综密。崛起孤贫，盖兴业为独难也。昭山风涛，自古称巨险，前屡议设救生红船，讫未能成。君独与善化汤司使、湘乡曾公子筹集巨资，立埠二十余处，规制宏阔。因舟名园，其以此欤？夫舟以济人为功，济人以厚生为大。

湘潭称繁富，特以多谷，而近岁湘谷漏洋者，岁数百万。大吏不能禁，则重征之，米商因以为辞，则益昂其值，于是谷价三倍。贫民无粜，米肆罢市，官吏又无以为计。昔岁戊戌，官议米捐，肆贾闭门，粜者凶动，已掠巨室、焚米船，将成乱矣。君告县令曰："速设平粜局，分城总以散哗聚。"问"安所得米"，则已先私买米，运小舟数十舣岸以应，其察机济变若此。

乙巳岁歉，丙午初春，众议增练乡丁，君独议以为宜省事减费，为不虞之备，急平米价以靖民心。众方迂之，以君议切，至逡巡而罢。未逾月，湘涨没城，市人楼居以汲，洛口米仓充溢，县人恃以无恐，迄无流亡。及后大赈，经手放散者，多被疑谤，君独潇然不与。故县商豪者推彭、萧、周，其分省总首有七帮，君于近岁领本帮。其货居岁息，不逾中家，而能以名字见推。有大议难，必与焉。岂非有过人者乎！彼以货殖成名者，非有轻财重义、睦姻任恤之行，未足多费也。

方君之营建兹园时，余资不能万金，而辄兴万金之工，人咸怪之。及后凡所兴作，工万金者屡矣，是其恢奇材智，固自有赴时逾众者。每值国家征助，饷募义举，有所捐纳辄推本先父母，巡抚以闻于朝，再被诏旌。教子成学，壮令从宦，出补光化令，号为健吏。尝往子官所，偶见县监狱舍湫垫，出家钱俾完葺宏敞，囚免疫蒸。尔时矜恤刑狱，改作监舍之议未发也。其仁侠利济，存心于爱民，故其子治状有闻，而民之被惠者，咸知归惠于慈父，走千里踵门为寿。君益以自慰，更勉其子益思循治，襄守邓公，端、赵两督所称良吏也。移守寿天，檄调君子牧辽阳。方欲展其骥足，而代赵公为帅者，忌前帅所用诸将吏并及君子，俱劾罢之。用是君之子名更远闻，而君之能教益显。其年，即君六十满岁之年也。辽之民寿君者，亦如光化，远醵金为祝。吾友吴君既为文彰也，而君欲得余言为称。余以为征之虚言，莫若征于石刻，因为勒记于兹园，以待游赏之间与知者证焉。去岁，袁京兆归里，过城不主于诸族姻，而独主君家，即兹园宾客之盛可见矣。光绪戊申夏五月乙酉朔王闿运记，宣统己酉秋八月丁丑朔何维朴书。

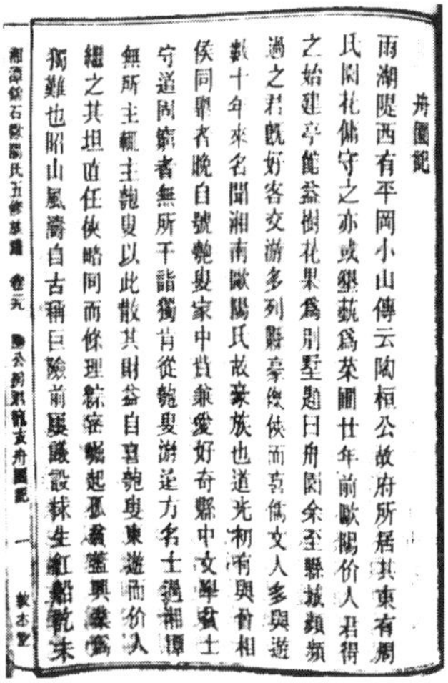
舟園記

雨湖隄西有平岡小山傳云陶桓公故府所居其東有[illegible]
氏園花傭守之亦或藝蔬爲菜圃廿年前歐陽价人君得
之始建亭館益樹花果爲別墅題曰舟園余至縣城頻頻
過之君既好客交游多列縣豪傑俠而喜儒文人多與遊
數十年來名聞湘南歐陽氏故豪族也道光初有與曾相
侯同舉者晚自號匏叟家中貲兼愛好奇縣中文學賓士
守道問讀者無所干謁獨肯從匏叟游遊方名士過湘潭
無所主輒主匏叟以此散其財益自喜匏叟東遊而价人
繼之其坦直任俠略同而條理綜密幾起孤貧蓋興[illegible]
獨難也昭山風濤自古稱巨險前屢議設救生紅船乾未

湘潭錦石歐陽氏五修族譜 卷二九 舟園記 一 敦本堂

《舟园记》书影

（此文辑自《湘潭锦石欧阳氏五修族谱》卷二九，《湘绮楼日记》光绪三十四年四月三十日记载“写《舟园记》”）

《湘水》读后

温儒敏 等

温儒敏（北京大学中文系教授、博士生导师，中文系原主任）

现时办刊不易，何况是以书代刊？在浮躁的今天，聚集文史学者，谈古论今，切磋学术，爬梳湘楚文化，难得主编有这份良知与雅好也。

沈卫荣（清华大学人文学院教授、博士生导师，中文系主任）

《湘水》是一本唯美、隽永的人文杂志，以湘水长流，喻人文日新，立意高远，一册在手，书香盈屋。湘籍学人们书写湖南人文历史和精神的文章，篇篇清淡雅致，吉祥如花。我曾以为故乡和过去都早已是异乡，它们的美好不过是我们动情的想象和建构，只有把故乡，甚至整个世界都当成异乡的人才是完美的；读了《湘水》，我突然觉得热爱故乡或依然是人间最美好的一种情怀，我们或可把对故乡和过去之美好的追忆、想象，当作我们追求今天和现实之美好的动力，当作我们对一个美好之未来的憧憬和期待。

吴仰湘（湖南师范大学历史文化学院教授、博士生导师）

近日获读《湘水》汨罗江·屈原专刊，其中刊发了数位学者、文化名家的文章，从不同的角度、不同的层面，对作为湖湘文化渊源之一的屈子文化作了详尽解析，我看完不禁拍手称好。三湘四水之间，曾经孕育出丰富多彩的学术文化，并在不同的时代形成一座座高峰，足以供后人永远景仰、反复攀登。因此，我希望《湘水》主编友爱君今后悉心策划，不断推出特色专辑，对湖湘人文历史进行深度发掘。

谢一峰（湖南大学岳麓书院副教授、历史系主任）

《湘水》第八辑中的文字，以浯溪、愚溪、濂溪三溪为线，勾连起永州从中古到近世的自然与人文景观。较之关中形胜的帝京长安，抑或天下之中的东都洛阳，僻处西南的永州是毫无疑问的边地。然而正是在此地，远离政治中枢的元结不仅为官一任、造福一方，也须臾未忘安史乱中的朝堂，留下名垂千古的《大唐中兴颂》，并在颜真卿中正之笔的加持下成为了凝固在石头上的永恒景观。正如哥伦比亚大学商伟教授在《题写名胜：从黄鹤楼到凤凰台》中所言："中国历史上的名胜之地，既是物质的存在，又是书写的产物——书写赋予它以意义，也规定了观照和呈现它的方式。"在我看来，如果说元结和颜真卿联袂写在石头上的《大唐中兴颂》是此名胜之地的核心与主体，而真正使之名垂千古、光照后世的则是宋代以来众多文人雅士游经此地写就的新章。这些隽永的文字，如同中国画中的题跋，将不同时代的痕迹、不同处境的感怀连缀为一体，虽不是主体，却是主体得以凝固、延伸、成就乃至经典化至为关键的因素。稍后来此边壤的柳宗元，在愚溪之畔、山水之间，退出了朝堂政治的波涛诡谲，成就了小石潭中的文采华章。然而，元结和柳宗元虽可谓和永州之地相互成就，终究是南徙而来的远客；生于兹、长于此的周濂溪，却在后世的理学谱系中逐渐占据了发端和核心的位置。于是，起点代替了终点，核心替换了边缘。此时的永州，此时的湖湘，也终于有了真正的底气与豪情，完成了具有自信力的反转。正如王闿运的名联——吾道南来，原是濂溪一脉；大江东去，无非湘水余波。

编后

著名历史学家李学勤先生生前在接受本刊采访时谈到，晚清传统学问异军突起的一个是湘学，一个是蜀学，而蜀学又受到湘学的影响。他还特别提醒学术界，理学史上的湖湘学派和浙东学派讲得还不够。的确如此，在历史的长河中，湘学与蜀学、湘学与浙学、湘学与其他地域文化不断交流融合，不断吸取新的文化因素，进而演变为中华文化在近现代的一种重要形态。对这一历史脉络以及文化精神进行研究，或可成为新的学术生长点。本辑策划的“湘学与蜀学”专题，就是想在传统湘学研究的基础上，尝试拓界，寻求新的开端。

我们常说湖湘文化具有“文源深、文脉广、文气足”的特点，从这个意义上说，仅仅关注典籍里的湖湘文化还不够，还要注意从考古、民间、流寓等角度寻找新的思想文化资源。湖南大学柳肃教授撰文谈古建筑里蕴含的湖湘文化、中南大学李哲教授撰文谈古桥里承载的湖湘文化，让这些沉睡的文化资源穿越时空、活态呈现，就是对传统文化资源的一种唤醒和焕新。清华大学文科资深教授汪晖撰文谈梁启超在长沙时务学堂留下许多思想和学术的种子，湖南省文史研究馆馆员陈书良撰文谈陈寅恪的“旧巢”是指长沙，中山大学历史学系教授谢湜撰文谈考察蓝山南部村落的田野收获，都带给我们别样的气息。

今年尤为可喜的是，《湘水》衍生了第一套丛书《吾道文丛》，包括：成中英《我的治学渊源和精神》，钱理群《老了，老了，还在求索》，汪荣祖《庸椽楼记梦》，冯天瑜《跬步千里》，郭齐勇《返本开新》，赵汀阳《方法与问题》等。已出图书纷纷登上腾讯好书、澎湃好书、光明好书等各种榜单，获得广大读者的青睐。以上书稿作者，虽然年辈不同，学科不同，但他们作为思想者的探索却都是坚持不懈的，他们的思想体系也是有机联系的，此所谓“吾道一以贯之”。

记得在向钱理群先生约书稿时，我多次与他通电话，希望他起一个别致的书名，他笑称“老了，老了”可作书名，过了几天，他又在电话里说，书名加上“还在求索”几个字，才能体现他目前的状态。据说钱理群先生已经出书一百本，还在笔耕不辍，老先生这种不断求索的精神，让我等后学在感佩的同时，也坚定了办好《湘水》的信念信心。

编 者

二〇二三年十月

稿约

《湘水》为不定期出版的湖南人文丛刊，以“发掘湖南人文历史、阐扬湖南人文精神”为宗旨，长期向广大作者、读者征稿，内容主要包括：

一、解读湖南文化地标、文化人物、文化事件的文章；

二、展现湖南人文底蕴和人文风貌的文章；

三、抒写湖湘情怀和湖湘记忆的文章；

四、介绍湖南稀见文献和文物的文章；

五、研究湖南与外省人文交流的文章；

六、有关人文学术方面的文章。

来稿应是未公开发表的原创作品，文责自负，字数以五千字内为宜，并请自留底稿。三个月内未获采用通知，可另行处理。

本刊有权按照著作权法对来稿进行修改，如不同意修改，投稿时请注明。

来稿请附真实姓名、联络电话、通信地址、电邮地址及一段不多于一百字的个人简介（注明籍贯），发电子邮箱：hxq0731@163.com。为表谢忱，作品刊出后，即致稿酬和样刊。

《湘水》编辑部

图书在版编目（CIP）数据

湘水．第九辑 / 黄友爱主编．—长沙：岳麓书社，2024. 1
ISBN 978-7-5538-2029-3

I. ①湘… II. ①黄… III. ①地方文化—湖南—文集
IV. ① G127.64-53

中国国家版本馆 CIP 数据核字（2024）第 046041 号

湘水·第九辑
XIANG SHUI·DI-JIU JI
主　　编：黄友爱
责任编辑：刘小敏
责任校对：舒　舍
装帧设计：吴颖辉
岳麓书社出版发行
地　　址：湖南省长沙市爱民路 47 号
直销电话：0731-88804152　88885616
邮　　编：410006
网　　址：www. yueluhistory. com
版　　次：2024 年 1 月第 1 版
印　　次：2024 年 1 月第 1 次印刷
开　　本：787mm × 1092mm　1 / 32
印　　张：4.125
印　　数：1-2 000
书　　号：ISBN 978-7-5538-2029-3
定　　价：38.00 元
承　　印：长沙超峰印刷有限公司

如有印装质量问题，请与本社印务部联系
电话：0731-88884129